UN GRAND
week-end

PRAGUE

Rue Nerudova,
quartier de Malá Strana

PRAGUE

À 1h45 de vol de Paris, Prague dépayse ceux qui s'aventurent sur ses pavés, tout en leur paraissant familière. Vingt-neuf ans après la révolution de Velours, la ville s'affiche sans complexe, mêlant vie culturelle foisonnante, gastronomie et art. Son architecture s'étend du gothique à l'Art nouveau, en passant par le baroque et le cubisme.
Ses bars et ses cafés branchés donnent envie de s'attabler pour trinquer autour d'une pinte de Pilsner Urquell, la bière locale, tandis que ses galeries d'art et ses musées ne demandent qu'à être explorés. Des incontournables aux lieux les plus secrets, le guide Un Grand Week-end vous accompagne dans la cité des rois de Bohême.

Place de la Vieille-Ville

Notre auteur, Céline Faucon, est journaliste et écrit pour des magazines sur la mode, le design, la cuisine et le voyage. Pour le guide, elle est partie à Prague sillonner ses rues pavées à la recherche de nouveaux lieux et adresses branchées. Tombée sous le charme de la capitale tchèque, notamment de ses quartiers alternatifs, elle nous invite à en saisir toutes les beautés à travers ses découvertes et coups de cœur.

Notre photographe, Romain Boutillier, s'est chargé du dernier reportage du guide : 15 jours à sillonner la ville et à pousser les portes de toutes les adresses sélectionnées par Céline. Il a aussi aimé prendre en photo les façades colorées de Prague, ses sublimes jardins, ses mystérieuses ruelles, et saisir des instantanés de vie aux terrasses des cafés ou dans les clubs très animés...

Un Grand Week-end sur les réseaux sociaux

Suivez-nous sur *Facebook*, *Twitter* et *Instagram* **@Ungrandweekend**

Vous y trouverez nos photos coups de cœur, nos expériences uniques et surtout une réponse personnalisée à toutes vos questions.

Et si vous y contribuiez ? Nous aimons beaucoup voir nos guides en voyage : postez une photo de votre guide en situation et taguez-nous, nous partagerons les plus belles et récompenserons régulièrement les plus appréciées.

Les incontournables
DE PRAGUE

PONT CHARLES

Karlův most

C'est le plus vieux pont et l'emblème absolu de Prague avec ses statues et son panorama sur le Château à couper le souffle. Pour éviter la foule, mieux vaut venir tôt le matin aux premières lueurs de l'aube ou tard le soir pour en apprécier toute la beauté, quand tout n'est plus qu'ombre et lumière sur les eaux de la Vltava... Voir p. 24.

MAISON MUNICIPALE

Obecní dům

Véritable fierté des Pragois, ce monument emblématique de l'Art nouveau déploie ses salons d'apparat, ses salles d'exposition, son café, ses deux restaurants et l'une des salles de concerts les plus grandes de Prague (1500 places). Un bijou ! Voir p. 32.

MALÁ STRANA ET LA RUE NERUDOVA

Pour accéder au Château ou pour en redescendre par la voie royale, on emprunte la rue Nerudova, bordée de maisons bourgeoises somptueuses et de palais baroques. Il règne à Malá Strana une atmosphère de village hors du temps... Voir p. 56 et 59.

ÉGLISE SAINT-NICOLAS (DE MALÁ STRANA)

Kostel sv. Mikuláše

En 1625, les jésuites, chargés de « recatholiciser » Prague, reçurent de Ferdinand II de Habsbourg une église gothique paroissiale. Restructurée en 1653 par des architectes italiens, elle est aujourd'hui le joyau du baroque pragois et le chef-d'œuvre des Dientzenhofer. Voir p. 60.

STARÉ MĚSTO

Vieille Ville

Qui peut résister au charme des façades baroques, des passages mystérieux et des étroites venelles qui composent la Vieille Ville ? Sur la place principale, arrêtez-vous devant l'horloge astronomique : toutes les heures, la Mort sonne le glas et retourne son sablier. Voir p. 24 et 32.

LE CHÂTEAU

Pražský hrad

Les rois de Bohême comme les présidents de la République y ont élu domicile. Véritable ville dans la ville, le Château est une citadelle perchée qui renferme palais et églises. Comptez plus d'une journée pour en percer tous les mystères ! Voir p. 50.

JARDINS SOUS LE CHÂTEAU

Zahrady pod Pražským hradem

Après la visite du Château, offrez-vous une pause dans les jardins qui longent sa façade en contrebas. De là, vous pourrez rejoindre Malá Strana et profiter de la succession de terrasses fleuries. En prime : une vue unique sur la ville ! Voir p. 57.

SYNAGOGUE VIEILLE-NOUVELLE

Staronová synagoga

Plongez dans l'histoire de Prague avec la visite de la plus ancienne synagogue de la ville, construite au XIIIe s. À l'arrière se trouve le vieux cimetière juif. Fondé au XVe s., il abrite pas moins de 12 000 stèles. Voir p. 45 et 46.

VELETRŽNÍ PALÁC

Musée d'Art moderne et contemporain

Situé dans le quartier branché de Holešovice, ce musée vous surprendra par la qualité de ses œuvres européennes du XIXe s. à nos jours et par l'étonnante architecture fonctionnaliste de cet ancien « palais des foires ». Voir p. 95.

CATHÉDRALE SAINT-GUY

Chrám sv. Víta

Attention ! Avec ses dimensions gigantesques, la cathédrale Saint-Guy pourrait bien vous faire tourner la tête : 125 m de long, 60 m de large à la croisée du transept et 33 m de haut ! Il s'agit bel et bien du plus grand édifice religieux du pays. Voir p. 51.

MONASTÈRE DE STRAHOV

Strahovský klášter

Entrez dans le plus ancien couvent des prémontrés et ce qui fut, jusqu'au XIIIe s., la plus grande construction romane de Bohême ! Le monastère de Strahov doit sa notoriété avant tout à sa bibliothèque et aux deux magnifiques salles théologique et philosophique. Voir p. 66.

MUZEUM KAMPA

Toute sa vie, l'historienne Meda Mládková a rassemblé avec son mari des œuvres d'art. Leur incroyable collection est à découvrir dans ce musée d'Art moderne situé au bord de la Vltava. À voir notamment : les tableaux de František Kupka et les sculptures d'Otto Gutfreund. Voir p. 63.

10 expériences UNIQUES

TUTOYER BACCHUS AU MILIEU DES VIGNES

Goûtez aux vins « urbains » issus des vignobles ancestraux des hauteurs de Prague, les pieds (quasi) dans les vignes et la tête dans les nuages. Un petit air de campagne à la ville. Voir p. 93.

PÉTARADER EN ŠKODA VINTAGE

À bord d'un cabriolet rouge vif de 1963, visitez la ville avec un chauffeur qui vous présentera Prague et la célèbre marque tchèque, désormais passée sous l'égide de Volkswagen. Voir p. 197.

DÉCOUVRIR LA NOURRITURE TCHÈQUE

Vous la pensez fade, lourde et ennuyeuse ? Révisez votre jugement grâce à Taste of Prague, un *food tour* historique, instructif et gastronomique. Un conseil : allez-y le ventre vide ! Voir p. 197.

TAGGER UN MUR...

... en toute légalité. Direction le mur John-Lennon, situé juste en face du palais Buquoy, siège de l'ambassade de France. Depuis l'assassinat du chanteur en 1980, c'est devenu un lieu de contestation et un symbole de paix en perpétuel renouvellement. À vos Poscas ! Voir p. 63.

SE FAIRE UNE EXPO D'ART CONTEMPORAIN...

... dans une galerie secrète : la Polansky Gallery. Ding dong ! Pour admirer les œuvres de la nouvelle génération tchèque et internationale de l'art contemporain, appuyez sur la sonnette ou prenez rendez-vous par téléphone. Voir p. 96.

PRENDRE LE POULS DE LA VILLE EN COURANT LES LIEUX ALTERNATIFS

De la Kasárna Karlín à Vnitroblock, en passant par la MeetFactory, la jeunesse arty donne un nouveau souffle à des bâtiments abandonnés. Au programme : concerts, expos, cinés, coffee shops et shopping. Voir p. 91, 97 et 156.

SE FAIRE UNE TOILE...

... dans un ancien théâtre, sur un pouf, ou en plein air. Profitez de la cinéphilie des Pragois : quasi tous les films sont en V.O. sous-titrés en tchèque. Oubliez les blockbusters et les multiplexes et foncez au Lucerna, au Bio Oko ou, en été, sur les transats de la Kasárna Karlín. Voir p. 77, 91, 155.

PRENDRE UN BAIN DE BIÈRE...

... au Pivní lázně Bernard. Bullez dans un bain de houblon, de levure et de sucre tout en buvant de la bière en fût... La pompe est juste au-dessus de la baignoire ! On en ressort un peu grisé, mais relaxé et la peau douce comme celle d'un bébé. Voir p. 36.

S'OFFRIR UN ALLER-RETOUR AU VIETNAM

Dépaysement assuré au marché de gros Sapa, surnommé « petit Hanoï ». Les étals y rivalisent de couleurs et approvisionnent toute l'Europe en produits vietnamiens ! *(Libušská 319/126 • HP par D5 • M° Kačerov, puis bus 113 ou 333, arrêt Sídliště Písnice • www.sapa-praha.cz • T.l.j. 8h-18h).*

PIQUE-NIQUER AVEC VUE

Bière dans une main, sandwich dans l'autre, profitez de la vue sur la ville depuis le *beer garden* Letenský zámeček, le café en plein air du parc Letná. Voir p. 127.

Activités
100 % PRAGOISES

FAIRE DU KAYAK SUR LA VLTAVA

Quoi de mieux que de naviguer sur les flots de la Vltava à bord d'un kayak ? L'agence Avantgarde Prague propose cette aventure le long d'un parcours de 8 km, accessible à tous **(du 1er avr. au 13 oct. sur résa, voir p. 196).** Moins sportif mais plus fun, rendez-vous sur l'île « slave » pour une sortie en embarcation à pédales **(p. 80).**

S'INITIER À LA BIÈRE LOCALE AVEC UN « BEER TASTING »

Le meilleur vin de la Tchéquie ? La bière, répondent les Pragois ! Pour comprendre leur engouement et distinguer la pilsner (blonde légèrement amère) et les stouts (brunes très torréfiées), **on réserve un cours avec U Kunštátů (p. 134)** : 1 h 30 pour tout savoir et goûter 11 bières différentes en petit comité.

CULTIVER SA MÉLOMANIE...

... en assistant à un **concert de musique dans une des églises de Prague**, comme celle de Saint-Nicolas **(490 Kč)** ou celle de Saint-Simon-et-Jude dans le quartier de Josefov, gérée par l'Orchestre symphonique de la ville de Prague **(www.fok.cz, 222 002 336, entre 100 et 460 Kč).**

SUIVRE LES PAS DE DAVID ČERNÝ

Controversé à ses débuts, l'artiste contemporain est aujourd'hui omniprésent. Des bébés sur la tour de télévision à la tête désarticulée de Franz Kafka en passant par le cheval renversé de saint Venceslas, **David Černý a semé une dizaine d'œuvres et de sculptures** dans toute la ville **(www.pragueoffthemap.com/alternative-tours/david-cerny).**

S'OFFRIR UNE JOURNÉE BALNÉAIRE À ŽLUTÉ LÁZNĚ

Il suffit de 10 min en tram le long de la Vltava pour atteindre les mythiques **Bains jaunes** (arrêt zastávka Dvorce). Gazon, transats et sable pour *chiller*, tables de ping-pong et terrains de beach-volley pour bouger, mais aussi bassins pour les enfants, cabanes pour se restaurer, concerts et cours de yoga **(mai-sept. 9h-minuit, www.zlutelazne.cz, 50 Kč).**

SE LA COULER DOUCE

Avec neuf collines, un fleuve, des îles et deux châteaux perchés, il serait dommage de ne pas profiter d'un beau panorama. Grimpez les 216 m de la **Tower Park** et détendez-vous dans un fauteuil « coquille », un casque sur les oreilles pour y entendre les sons de la ville (calèche, horloge, etc.). Option plus « terre à terre » : piquer une tête à **Podolí.** Au bord de la Vltava, cette piscine possède aussi deux bassins extérieurs et des pelouses pour lézarder.

Un grand week-end SUR MESURE

Première fois à Prague ?

Nous avons découpé la ville en 13 quartiers. Évidemment, en trois jours, vous ne pourrez pas faire toutes ces balades. Alors suivez notre programme pour voir l'essentiel et prendre le pouls de la ville, et à vous de voir si vous voulez remplacer telle visite par une autre, en fonction de vos centres d'intérêt...

PREMIER JOUR

➡ Rendez-vous au pied de l'horloge astronomique sur la place de la Vieille-Ville, dominée par les flèches de Notre-Dame-de-Týn, avant de vous perdre dans les ruelles de Staré Město (quartiers 1 et 2). Puis direction la très chic rue Pařížská pour découvrir Josefov, l'ancien quartier juif (quartier 3), sa synagogue Vieille-Nouvelle et son cimetière. Vous avez faim ? À vous la rue Dlouhá, qui offre l'embarras du choix.

La tour Eiffel de la colline de Petřín

➡ L'après-midi, une visite s'impose à la Maison municipale, chef-d'œuvre Art nouveau décoré par Mucha. À deux pas de là, offrez-vous un *tea time* au Grand Café Orient (quartier 2), temple du cubisme, avant de continuer à flâner dans les boutiques alentour.

➡ Le soir, assistez à un spectacle de théâtre noir au Black Light Theater (p. 135).

DEUXIÈME JOUR

➡ Commencez la journée en prenant le funiculaire qui vous mène en douceur en haut de la colline de Petřín (quartier 8). La vue vous plaît ? Montez donc les 299 marches de sa tour Eiffel miniature ! Puis direction le monastère de Strahov, dont la bibliothèque de stucs figure dans *Casino Royale*. On rejoint ensuite tranquillement la place du Château : la relève de la garde a lieu à midi (quartier 7).

➡ Adaptez l'après-midi selon vos désirs entre cathédrale,

Le pont Charles à l'aube

ruelle d'Or et palais Lobkowicz (quartier 4) avant de vous reposer dans les jardins sous le Château (quartier 5) !

➡ Que diriez-vous maintenant d'un concert dans l'église baroque Saint-Nicolas de Malá Strana ? (p. 60)

TROISIÈME JOUR

➡ Essayez de vous réveiller aux aurores pour arpenter le pont Charles sans cohue. Au passage, immortalisez le mur John-Lennon. Comme il est encore tôt, petit déj' mérité au Café Savoy (quartiers 1 et 6).

➡ Poursuivez la matinée sur une île. Au choix : Kampa pour son musée d'Art moderne et son jardin ou Slovanský ostrov pour la galerie Mánes (quartier 10) et une sortie sur l'eau (quartier 9). Il fait beau ? Le pique-nique s'impose.

➡ Finissez l'après-midi par un peu de shopping en remontant les rues Národní et Na Příkopě (quartier 9) et profitez-en pour jeter un œil au passage Lucerna, dont vous apprécierez le charme suranné.

NOS CONSEILS DE VISITE

➡ Le centre historique de la ville est si petit et les ruelles si nombreuses que vous vous surprendrez souvent à repasser dans des endroits déjà vus ! C'est un des charmes de Prague.

➡ Pour éviter la cohue du pont Charles, allez-y très tôt le matin pour profiter de la lumière de l'aube ou tard le soir quand les réverbères s'illuminent.

Déjà venu ?

Vous connaissez déjà les incontournables de Prague sur le bout des doigts ? Laissez-vous guider hors des sentiers battus !

La Maison qui danse

KARLOVO NÁMĚSTÍ ET VYŠEHRAD (QUARTIERS 10 ET 11)

Centre économique de Prague, le quartier de Karlovo náměstí réserve quelques belles surprises, à commencer par la Maison qui danse (Tančící dům) du Canadien Frank Gehry et du Tchèque d'origine croate Vlado Milunić. Admirez aussi les belles maisons qui bordent la Vltava ! Non loin de là, le mystère plane au-dessus de la maison Faust (Faustův dům), très baroque, où le diable aurait enlevé le docteur Faust. Autre monument mystérieux, le château de Vyšehrad qui surplombe la Vltava depuis son rocher. Fondé par le premier roi de Bohême, il tient une place particulière dans le cœur des Tchèques.

KARLÍN ET ŽIŽKOV (QUARTIER 12)

À l'est de la ville, les quartiers résidentiels de Karlín et Žižkov pourraient bien vous surprendre. Montez au sommet de la tour de télévision avant d'arpenter l'imposant bâtiment fonctionnaliste du Mémorial national, puis venez vous détendre dans les jardins Rieger. Autre curiosité : l'église du Sacré-Cœur, directement inspirée des temples de l'Égypte ancienne. Dans Karlín, ne manquez pas de réserver dans l'un de ses restos branchés, à l'instar d'Eska, installé sous une verrière.

PageFive dans le quartier de Holešovice

HOLEŠOVICE (QUARTIER 13)

L'art contemporain est partout dans le quartier de Holešovice. Du Veletržní palác au Centre d'art contemporain DOX, en passant par la secrète Polansky Gallery, les amateurs auront de quoi se réjouir ! Après avoir arpenté leurs collections, offrez-vous une pause au *beer garden* Letenský zámeček, le bar en plein air situé dans le parc Letná. Le soir, pour faire comme les Pragois, venez trinquer chez Bio Oko, un cinéma dont le bar est aussi populaire que les projections.

Marché fermier Holešovická

Fêtes & FESTIVALS 2020

Janvier-février

Grand Restaurant Festival

Eat Smart est le slogan de ce festival durant lequel les plats sont proposés à petits prix (250-600 Kč) dans des restaurants du guide *Grand Restaurant* de Pavel Maurer (en tchèque uniquement). Du 15 janvier au 28 février 2020.
www.grandrestaurantfestival.cz

Mars

Febiofest

Créé en 1993, ce festival international du film invite chaque année (du 19 au 27 mars 2020) des réalisateurs et des acteurs (Nanni Moretti, Olivier Assayas, etc.). Les projections ont lieu en général au cinéma Cinestar Anděl.
www.febiofest.cz/en

Avril

Pâques

Pendant les vacances de Pâques, de petits marchés s'installent sur la place de la Vieille-Ville avec vin chaud, spécialités gastronomiques et artisanales.

Pálení čarodějnic

Cette nuit des sorcières célèbre l'arrivée du printemps. Le 30 avril, à 20h, l'effigie d'une sorcière, symbole de l'hiver, est brûlée sur l'île de Kampa à la suite d'une parade de lanternes qui débute sur la place de la Vieille-Ville (19h).
www.pragueexperience.com

Mai

Prague Food Festival

Un festival en plein air pour tester les plats des plus grands ou des plus audacieux restaurants, ainsi que des vins choisis par les meilleurs sommeliers. Ambiance festive garantie.
www.praguefoodfestival.cz

Khamoro

À la fin du mois, ce festival de musique tzigane propose un beau voyage sonore entre le Gypsy Jazz et la musique rom contemporaine ou traditionnelle. Également défilés, parades et expositions.
www.khamoro.cz

Mai-juin

Prague Spring

Le Printemps de Prague est LE festival de musique classique de la ville. Il met à l'honneur les compositeurs tchèques, de Smetana à Dvořák, et internationaux, servis par des interprètes vraiment exceptionnels. Du 12 mai à début juin.
www.festival.cz

Tanec Praha

Merce Cunningham et Mikhaïl Barychnikov sont quelques-uns des grands noms à s'être produits lors de ce festival international de danse contemporaine fondé en 1989. De fin mai à fin juin.
www.tanecpraha.cz

United Islands

Ce festival international de musique pop, rock et hip-hop se tient dans les parcs ou sur les îles de la Vltava. Bonne nouvelle, c'est gratuit.
www.unitedislands.cz

Juin

La Nuit des musées

Le 8 juin, une quarantaine de musées, galeries et monuments ouvrent leurs portes gratuitement, de 19h à 1h en mai ou juin. Bus gratuit spécial.
www.prazskamuzejninoc.cz

Juin-juillet

Proms Prague

Inspiré du fameux événement estival des BBC Proms de Londres, ce festival propose de juin à juillet des « promenades musicales » classiques ou jazzy dans divers lieux de la ville. Parfois, la soirée d'ouverture est gratuite.
www.pragueproms.cz

Août

Letní Letná

Les deux dernières semaines d'août, les meilleures compagnies du monde se mettent en scène lors de ce festival de cirque et de théâtre contemporains. Street art, événements en plein air, expositions de photos et ateliers de cirque viennent compléter cette riche programmation.
www.letniletna.cz

Septembre

Dvořák Prague Festival

Célébrant le compositeur tchèque, ce festival met en musique les partitions de Dvořák sous la baguette des plus grands chefs d'orchestre et musiciens (Evgeny Kissin, Boris Berezovsky, Daniel Harding, Arabella Steinbacher, etc.).
www.dvorakovapraha.cz

Octobre

Signal Festival

Le Signal Festival habille Prague de mille lumières. Le cœur historique brille sous les installations lumineuses et techniques projetées sur les façades, sur les ponts et dans les airs.
www.signalfestival.com

Oct.-novembre

The Strings of Autumn Festival

Jazz, musique classique, *cross over* ou musiques du monde, ce festival mélange les genres et les plus grands artistes internationaux (en octobre et novembre).
www.strunypodzimu.cz

AghaRTA Prague Jazz Festival

Un festival de jazz qui accueille chaque année les plus grands noms du genre provenant du monde entier.
www.agharta.cz

Décembre

Marchés de Noël

Dès le début du mois de décembre, les marchés de Noël animent la place de la Vieille-Ville et le bas de la place Venceslas.

Le 5 décembre - la Saint-Nicolas

On croise partout dans Prague des enfants déguisés en saint Nicolas. Dès la fin du mois de novembre, une patinoire prend place devant le théâtre des États.

Visites

PAR QUARTIER

Quartier de Malá Strana
et l'église Saint-Nicolas

À SAVOIR

VISITER PRAGUE

Nous avons découpé la ville en **13 quartiers** qui se parcourent aisément à pied. Pour vous rendre au Château (p. 50) et ou dans le quartier de Holešovice, au nord de la ville (p. 94), il vous sera nécessaire d'emprunter le métro ou le tramway.

SE DÉPLACER

Selon vos besoins, vous pouvez acquérir un **ticket** simple valable 30 min (24 Kč) ou 90 min (32 Kč) dans tous les transports publics. Il existe également des **forfaits** pour 24 h (110 Kč) et trois jours (310 Kč). Ces tickets sont disponibles dans les machines orange situées à chaque entrée de métro. Les rames de métro et de tramway circulent entre 5h et minuit environ. En dehors de ces heures, des tramways de nuit circulent toutes les demi-heures. Si vous optez pour un taxi, mieux vaut le commander afin d'obtenir le meilleur prix. Voir aussi p. 193.

LIRE LES CARTES

Chaque visite est accompagnée d'un plan détaillé sur lequel nous avons placé tous les **points d'intérêt** du quartier. Les **pastilles de couleur** indiquent nos bonnes adresses de **restos,** de **bars** et de **boutiques.** Le numéro de la pastille colorée correspond à celui attribué à chacune des adresses. Reportez-vous au chapitre concerné pour lire la notice de l'établissement.

TOUT COMPRENDRE : LA GALERIE NATIONALE

Les **collections de la Galerie nationale** sont réparties dans divers musées, palais et couvents de la capitale, comme le Veletržní palác, le Salmovský palác (art du XIXe s.) ou encore le Schwarzenberský palác (baroque tchèque). Créée en 1776, la Galerie nationale était au départ l'Amicale patriotique des arts en Bohême, fondée par un groupe de nobles et d'intellectuels qui voulaient « cultiver le goût en déclin du milieu tchèque ». De la Grèce antique au XXIe s. en passant par la Renaissance et le cubisme, les œuvres ainsi réunies offrent un très beau panorama artistique. Pour tout savoir des expositions permanentes et temporaires organisées à partir de ces collections, renseignez-vous sur le site **www.ngprague.cz**

NOS CONSEILS POUR GAGNER DU TEMPS

Plusieurs monuments proposent des **réservations en ligne,** comme le Musée juif. Nous vous conseillons d'opter pour le ticket combiné « Quartier juif de Prague » (500 Kč), qui vous permettra d'accéder aux diverses sections du musée (synagogues Maïsel, Pinkas, Klausen et espagnole), ainsi qu'au vieux cimetière juif, à la synagogue Vieille-Nouvelle et à la galerie Robert-Guttmann.

Autre option si vous comptez visiter un grand nombre de monuments : la **Prague Card** (à partir de 1 550 Kč), qui donne accès à une cinquantaine de sites et comprend les transports. On peut la trouver en ligne (www.praguecard.com) ou dans les bureaux de **Prague City Tourism** (www.prague.eu). Voir p. 194 et 195.

Staroměstské náměstí

1 Staré Město, CÔTÉ PONT CHARLES

● Restos & bistrots p. 103 ● Bars, clubs & sorties p. 133 ● Boutiques p. 165

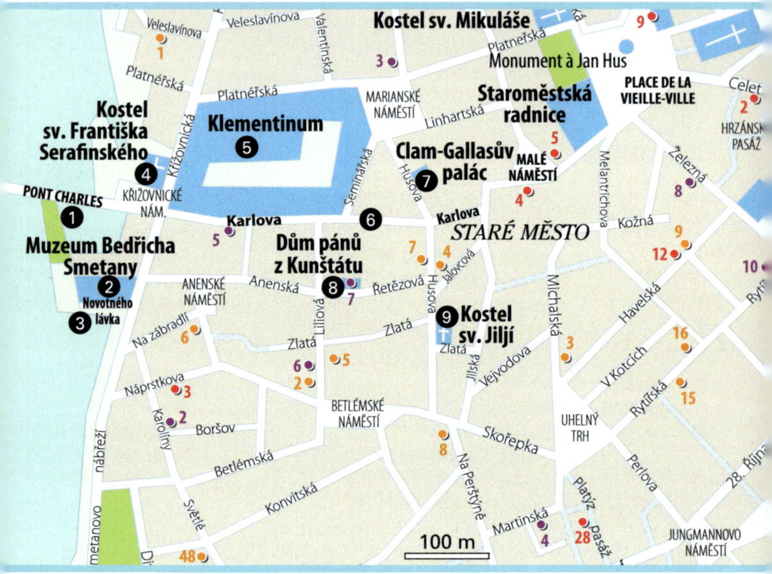

Perdez-vous dans un tourbillon de façades baroques, de passages mystérieux et d'étroites venelles dans Staré Město, la « Vieille Ville ». Esquivez le flot de touristes en empruntant les ruelles de cette cité médiévale qui vous mèneront forcément jusqu'au célèbre pont Charles.

❶ PONT CHARLES★★★

Karlův most

Reliant Malá Strana à la Vieille Ville depuis le XIVe s., seul pont jusqu'au XIXe s., voici le lieu qui « accueille » le plus de monde à Prague. Pas de panique, puisque, selon la légende, les maçons ont mélangé des jaunes d'œufs au mortier pour qu'il soit plus solide ! Cela n'a pas empêché les outrages du temps, mais le pont

Pont Charles et vue sur le Château

a reçu un lifting complet en 2010. Si l'on veut laisser opérer la magie du lieu et passer en revue la double haie d'honneur de ses 30 statues de saints, réunis en conclave sur la Vltava, il faut venir (très) tôt le matin ou (très) tard le soir.

Construction

En 1357, Charles IV pose la première pierre du pont Charles sur les ruines du pont Judith (1170). Ce témoin de pierre terminé en 1402 (516 m de long et 9,5 m de large sur 16 piliers) a vu couronnements et enterrements de rois, défilés, tournois, joutes, concerts, et, plus tragiquement, sur la tour de la Vieille-Ville, les têtes de 12 seigneurs exécutés en 1621.

Les tours

La petite **tour de Malá Strana** date du pont Judith (XIIe s.), la grande tour de 1464. Sous la porte gothique, les griffures sont les traces laissées par les armes des hallebardiers. La **tour de la Vieille-Ville,** chef-d'œuvre du gothique et magnifique porte du XIVe s., a été endommagée par les boulets de l'armée suédoise en 1648.

Les sculptures

À partir du XVIIe s., les statues baroques de Matyáš Bernard Braun et Ferdinand Maxmilian Brokoff rejoignirent l'unique croix en bois du pont. La première fut le *Saint Jean Népomucène* de Jan Brokoff, père de Ferdinand (1683).

Toucher le bas-relief représentant le saint porterait bonheur !
Le chef-d'œuvre baroque du pont est la *Sainte Luitgarde* (1710) réalisée par Braun à 26 ans.
Sous la *Pietà* (1859), une cage faisait descendre dans l'eau les commerçants malhonnêtes.
Parmi les sculptures figure saint Guy, le protecteur du pont.
Le pont Charles relie la Vieille Ville à Malá Strana depuis Křižovnické náměstí jusqu'à la rue Mostecká.

❷ MUZEUM BEDŘICHA SMETANY★

Musée Bedřich Smetana
Quel meilleur endroit pour abriter un musée consacré au compositeur de *La Vltava* que ce bâtiment néo-Renaissance, bâti au bord du fleuve pour le service des eaux pragois ?

Muzeum Bedřicha Smetany

En musique, vous découvrirez le piano du maestro ainsi que divers objets évoquant le fondateur de la musique nationale tchèque, dont le poème symphonique *Ma patrie* fait vibrer tout Tchèque normalement constitué.
Novotného lávka 1 • ☎ 222 220 082 • www.nm.cz • Mer.-lun. 10h-17h • Entrée : 50 Kč.

❸ NOVOTNÉHO LÁVKA★

Jetée Novotný
Cette jetée le long de la Vltava est idéale pour faire une pause après la traversée du pont et la visite du musée Bedřich Smetana. Vous pourrez admirer la flèche du premier château d'eau de Prague (1489) et, au choix, profiter du café du restaurant extérieur, situé devant le musée et offrant en été un fabuleux panorama sur le pont Charles, ou louer une barque à l'embarcadère.
Accès en contournant la jetée, en amont du pont • ☎ 774 991 119 • www.lavka.cz
Bar : t.l.j. 9h-minuit.
Restaurant : t.l.j. 10h-minuit • Plat du jour : environ 250 Kč ; plats : entre 200 et 390 Kč.

❹ KOSTEL SV. FRANTIŠKA SERAFINSKÉHO★

Église Saint-François-Séraphin
Également appelé église de Saint-François d'Assise (Kostel sv. Františka Serafinského z Assisi), cet édifice est visible de loin avec son dôme semi-circulaire en cuivre. Édifiée entre 1679 et 1685 par l'Italien Domenico Carnevale

Pause littéraire : U Zlatého tygra

Une brasserie culte, où l'écrivain Bohumil Hrabal (voir encadré p. 29) vint trouver l'inspiration jusqu'à sa mort, en 1997, à l'âge de 82 ans. Ne vous laissez pas intimider par la clientèle aussi majoritairement masculine qu'« authentique ». On se serrera volontiers pour vous faire une petite place à l'une des longues tablées. Commandez une Plzeň (48 Kč les 0,45 l) si vous voulez que l'on vous prenne au sérieux !

● 7 **Husova 17 • ☎ 222 221 111 • www.uzlatehotygra.cz • T.l.j. 15h-23h • Plats : de 100 à 195 Kč.**

sur les plans de l'architecte bourguignon Jean-Baptiste Mathey, l'église fut commandée par les croisés de l'Étoile rouge, seul ordre religieux de Bohême à l'époque des croisades. On appréciera, à l'intérieur, le plafond de la coupole représentant le Jugement dernier, et quelques statues aux gestuelles baroques, comme ce saint Martin qui s'apprête à partager, avec son glaive, son manteau devant un infortuné apeuré...

Křižovnické náměstí.
Église : avr-nov. t.l.j. 10h-18h ; déc.-mars sur r.-v.
Concerts : tous les soirs sf lun. à 19h (résa conseillée) • ☎ 724 192 233 • Env. 450 Kč.

❺ KLEMENTINUM★★

Ce vaste complexe baroque, le plus grand ensemble après le Château, fut fondé en 1556 par les jésuites pour soutenir l'empereur Ferdinand Ier dans sa politique de restauration de la religion catholique en Bohême. À l'intérieur se trouvent la splendide bibliothèque ornée de fresques, réalisée par Kilián Ignác Dientzenhofer au début du XVIIIe s., la galerie parée de fresques sur la vie de saint Ignace de Loyola et saint François Xavier, et la Tour astronomique commencée en 1775. Il est possible d'assister à un concert dans la superbe chapelle des Miroirs décorée de stucs.

Karlova 1.
Intérieur : ☎ 733 129 252 ou 222 220 879 • www.klementinum.com • Visite guidée en français sur résa, 380 Kč • Entrée : 300 Kč.
Concerts : ☎ 720 349 287 • www.dvorak-symphony-orchestra.com • Billets : entre 600 et 800 Kč.

6 RUE KARLOVA★

Les boutiques de verre jouxtent les échoppes de jouets en bois dans ce goulet sinueux qui relie, depuis le XIIe s., le pont Charles et la place de la Vieille-Ville. En empruntant la voie que prenaient les rois de Bohême pour aller se faire couronner à Saint-Guy, vous passerez devant « À la couronne de France » (no 4), maison Renaissance où Kepler rédigea les lois qui portent son nom, entre 1607 et 1612. Un siècle plus tard, un Arménien ouvrit le premier café pragois dans la maison « Au serpent d'or » (no 18).

7 CLAM-GALLASŮV PALÁC★

Palais Clam-Gallas
Édifié entre 1713 et 1730, ce palais baroque est l'œuvre de l'architecte autrichien Johann Bernhard Fischer von Erlach. Superbement restauré, son escalier d'apparat est rehaussé de sculptures réalisées par Matyáš Braun, auteur également des majestueux

Pause apéro : Monarch

C'est un bar à vins moderne où déguster un bon verre en grignotant un morceau de fromage bien fort en goût. Vous y trouverez d'excellents crus venant des quatre coins du monde et, si le cœur vous en dit, vous pourrez passer dans la partie boutique pour acheter la bouteille de votre choix (de 400 à... 8 000 Kč).

● 8 Na Perštýně 15 • ☎ 703 182 801 • www.monarch.cz • T.l.j. 11h30-23h • Menu du jour : 179-245 Kč ; plats : 285-435 Kč ; steaks : 390-1 390 Kč.

Bohumil Hrabal

Bohumil Hrabal naquit en 1914. En 1946, il devint docteur en droit, mais il n'exerça jamais, cumulant les emplois précaires et vivant modestement. Il observe, écoute et écrit. La nature humaine et l'humour populaire l'inspirent. Après des années sans être publié, *Petites Perles au fond de l'eau* sort en 1963, aussitôt salué par le public et la critique. À la poésie et au comique de ses récits se mêlent la gouaille pragoise et l'argot. Les ouvrages qui suivent feront de lui le plus célèbre des écrivains tchèques des années 1960. Il meurt le 3 février 1997.

atlantes qui encadrent le portail d'entrée. Il accueille les pièces du musée des Jouets, actuellement en travaux.

Husova 20 • Ouv. lors des concerts et des expositions.

❽ DŮM PÁNŮ Z KUNŠTÁTU★★

Maison des Seigneurs de Kunštát
Comme de nombreuses maisons de la Vieille Ville, surélevées à cause des inondations, celle-ci cache trois salles romanes. Le seigneur de Kunštát y hébergea au XVe s. son neveu Georges de Poděbrady, futur roi de Bohême. Elle abrite aujourd'hui une cave à bières (p. 134).

Řetězová 3 • ☎ 601 353 776 • www.ukunstatu.cz • T.l.j. 14h-23h ; dégustation de bières : voir p. 134.

❾ KOSTEL SV. JILJÍ★

Église Saint-Gilles
Fondée à la fin du XIIIe s., cette église conserve un élégant portail gothique. Remaniée par les dominicains au XVIIIe s., la décoration intérieure est essentiellement baroque. La nef centrale est rehaussée d'une fresque s'intitulant *Le Triomphe des dominicains sur l'hérésie*.

Husova 8 • ☎ 724 320 064 • www.praha.op.cz • Offices : t.l.j. à 18h30, plus dim. à 9h30 et 12h • Accès t.l.j. apr. les messes ou par l'entrée derrière la grille de protection pendant la journée.

Kostel sv. Jiljí

Prague, reine du baroque

Si Rome est la capitale du baroque au XVIIe siècle, c'est sans conteste Prague qui la remplace au XVIIIe siècle avec ses églises fastueuses, ses palais flamboyants et ses kyrielles de statues. Le paradoxe veut que cette ville, « baroquisée » à son corps défendant, ait su intégrer l'art de l'envahisseur. Au point d'en faire l'architecture prédominante de la cité et l'expression la plus accomplie du génie national !

Statue de sainte Luitgarde sur le pont Charles

UN ART IMPOSÉ PAR LA VIOLENCE

La défaite de la Montagne Blanche, en 1620, transforme la Bohême en province autrichienne. Sous le joug des Habsbourg catholiques, Prague est entièrement remaniée. **L'art de la Contre-Réforme** est tout d'abord perçu par les Pragois comme une agression contre leur ville. Un constat justifié puisque la construction du **Klementinum,** premier lieu d'implantation des jésuites en Bohême, nécessita à elle seule la destruction de 32 maisons, 2 jardins, 1 couvent et 3 églises ! L'élite intellectuelle protestante est chassée tandis que la Prague protestante plonge dans la **« nuit baroque »,** conçue comme une véritable machine de guerre contre l'ancienne foi.

INFLUENCES

Synthèse de deux influences, l'une « classicisante » venue d'Autriche et de France, l'autre purement baroque d'origine italienne et allemande, l'art pragois mettra un siècle pour les adapter au génie du lieu et connaître son apogée, entre 1700 et 1740. Exploitant au maximum le relief mouvementé de la ville, cet art se distingue par un **sens aigu du volume allié** à une **théâtralité** qui ne cesse de ménager ses effets de surprise.

BRAUN ET BROKOFF

Aucune ville au monde ne compte autant de statues. Peuplant les façades, ornant les places et les églises, elles sont l'élément le plus caractéristique du baroque pragois. Nombre d'entre elles ont été réalisées par les très inspirés sculpteurs **Matyáš Bernard Braun** et **Ferdinand Maximilien Brokoff.** Contemporains, puisque le premier est né en 1684 et le second en 1688, ils moururent tous deux les poumons ravagés par la maladie des tailleurs de pierre. Ne manquez pas, sur le **pont Charles,** la statue de sainte Luitgarde (12e à gauche en partant de Staré Město), voluptueux pastiche du Bernin sculpté en 1710 par Braun, ni le sensuel *Saint François Xavier* (5e à gauche), taillé l'année suivante par Brokoff.

Détail de l'église Saint-Nicolas de Malá Strana

TEL PÈRE, TEL FILS

Issus d'une famille de maçons bavarois, **Kryštof Dientzenhofer** (1655-1722), son fils **Kilián Ignác** (1689-1751) et le gendre de ce dernier, **Anselmo Lurago,** ont donné à la capitale tchèque ses plus beaux édifices baroques. On leur doit notamment la façade de Notre-Dame-de-Lorette et l'église Saint-Nicolas de la place de la Vieille-Ville, à ne pas confondre avec la magistrale église Saint-Nicolas de Malá Strana, également édifiée par cette géniale dynastie.

Jardins sous le Château

COMMENT DÉCOUVRIR LA PRAGUE BAROQUE ?

En flânant dans ces hauts lieux du baroque que sont Malá Strana et Staré Město. Les monuments à voir sont les **statues du pont Charles** (p. 25), le **Klementinum** (p. 27), les **églises Saint-Nicolas** de la place de la Vieille-Ville (p. 39), **Saint-Nicolas de Malá Strana** (p. 60) et **Notre-Dame-de-Lorette** (p. 68), le **palais Wallenstein** (p. 58), la **rue Nerudova** (p. 59), le **palais Buquoy** (p. 63), le **musée Antonín Dvořák** (p. 84) et les **jardins sous le Château** (p. 57).

2 Staré Město, AU CŒUR DE LA VIEILLE VILLE

● Restos & bistrots p. 106 ● Bars, clubs & sorties p. 134 ● Boutiques p. 166

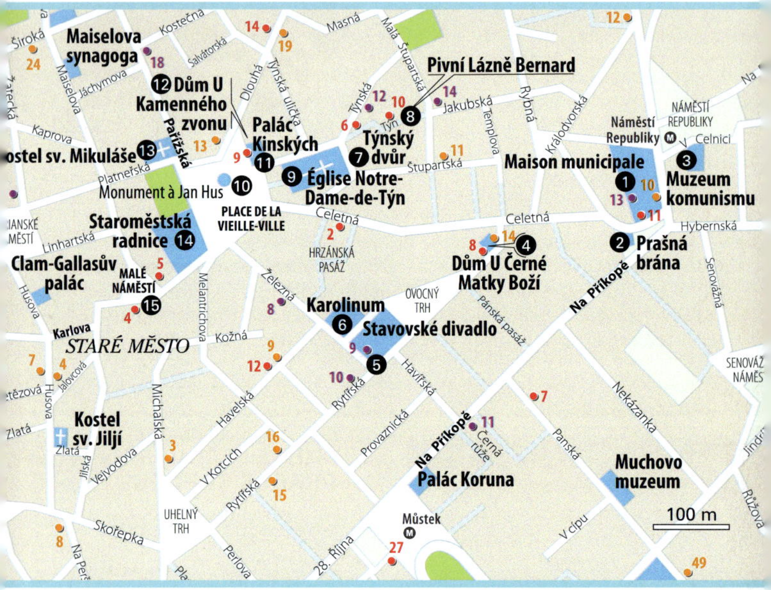

Prague est un voyage dans le temps. Pour preuve, la place de la Vieille-Ville a si peu changé que l'on se croirait devant la maquette de 1834 conservée au musée de la Ville ! Préservés lors de la Seconde Guerre mondiale, les bâtiments gothico-baroques jaune citron, vert amande et rose bonbon résistent au passage du temps – seule entorse au camaïeu ocre originel.

❶ MAISON MUNICIPALE★★★

Obecní dům

La Maison municipale est la Mecque des amateurs d'Art nouveau : les salles d'exposition, lieux de restauration et salle de concerts furent dessinées par Antonín Balšánek et Osvald

Polívka, et décorés par Alfons Mucha. Selon l'heure et l'humeur, diverses options s'offrent à vous : le **Kavárna Obecní dům,** café au faste viennois (p. 106), le Plzeňská restaurace au sous-sol, le restaurant français au rez-de-chaussée, ou la **salle de concerts Smetana** (p. 137).

L'ancien palais royal

Autrefois se trouvait là le palais royal, résidence des rois de 1383 à 1485. Emportée par le souffle de modernisme en vogue dans le pays, la municipalité le démolit en 1903-1904 pour construire la Maison municipale. Inaugurés en 1912, les 4 214 m^2 de ce nouveau bâtiment sont alors équipés d'un confort moderne très sophistiqué pour l'époque : chauffage central, air conditionné, eau potable, ascenseurs, etc.

Maison municipale

Le style

Il n'y a pas d'unité stylistique dans l'architecture de la Maison municipale. Chaque artiste a laissé libre cours à sa créativité et à sa propre expressivité, empreintes des courants à la mode : le Jugendstil allemand (1894-1914) avec ses sinuosités végétales, et la Sécession viennoise (1897-1907) aux lignes géométriques sobres. C'est à la croisée de ces mouvements qu'éclate l'exubérance de l'Art nouveau pragois. La façade est de style néobaroque et l'intérieur complètement Art nouveau.

La décoration

La municipalité de Prague a fait appel aux plus prestigieux artistes pour réaliser la décoration. On y reconnaît Aleš, Mucha, Preisler, Wenig et Švabinský pour les peintures, les fresques et les vitraux, et Mařatka, Myslbek, Šaloun ou B. Kafka pour les sculptures.

Les œuvres d'art

À l'extérieur, au-dessus de la marquise métallique, la mosaïque du fronton central intitulée *Hommage à Prague*, de Špillar, représentant le découragement

Dům U černé Matky Boží

et la révolte de la nation ; dans le salon du maire, les allégories des vertus civiques de Mucha ; dans la salle de concert Smetana, de chaque côté de la scène, deux groupes sculptés de Šaloun symbolisant *Má vlast* de Smetana et les *Danses slaves* de Dvořák ; dans les petites salles d'apparat, au premier étage en façade, les fresques de Švabinský.

Náměstí Republiky 5 • ☎ 222 002 101 (infos : t.l.j. 10h-20h) • www.obecnidum.cz/en • Visites guidées en anglais (livret en français), horaires variables : consulter le site Internet ; visites en français pour les groupes uniquement sur résa • Entrée : 290 Kč.

❷ PRAŠNÁ BRÁNA★

Tour poudrière

Son nom guerrier lui vient de ce qu'elle servit de dépôt de munitions à la fin du XVIIe s. À ne pas manquer, une captivante exposition de 15 enluminures sur la vie à la cour de Venceslas IV, fils de Charles IV. Au sommet, la vue sur une véritable mer de coupoles vert-de-gris et de toits de tuile ne vous fera pas regretter l'escalade de ce vestige des remparts de la Vieille Ville.

Na Příkopě/Náměstí Republiky 5 • ☎ 725 847 875 • www.muzeumprahy.cz • Avr.-sept. t.l.j. 10h-22h ; mars et oct. t.l.j. 10h-20h ; nov.-fév. t.l.j. 10h-18h • Entrée : 100 Kč.

❸ MUZEUM KOMUNISMU★★

Musée du Communisme

Ce musée, qui vient de déménager pour s'agrandir, retrace l'histoire du communisme tchécoslovaque, de la création de la Tchécoslovaquie en 1918 à la révolution de Velours en 1989. Différents supports,

dont des reconstitutions d'intérieurs et des photographies, permettent de revivre les événements, parfois tragiques, qui ont rythmé cette période. Les textes d'accompagnement sont également en français.
V Celnici 1031/4 • ☎ 224 212 966 • http://muzeumkomunismu.cz • T.l.j. 9h-20h • Entrée : 290 Kč.

❹ DŮM U ČERNÉ MATKY BOŽÍ★★

Maison à la Vierge noire
Construit en 1912 par l'architecte Josef Gočár, ce bâtiment cubiste remplace une demeure baroque dont seule la statue à la Vierge noire a été conservée - d'où le nom de la maison. Un très bel escalier mène au **Grand Café Orient** (p. 107), décoré dans le style de l'époque. Le bâtiment abrite également l'exposition permanente **« Le Cubisme tchèque »,** dont les collections d'objets et de mobilier provenant du musée des Arts décoratifs sont visibles sur deux étages (☎ 725 038 628 ; www.czkubismus.cz ; mer.-dim. 10h-18h, mar. 10h-19h ; entrée : 150 Kč). En partant, n'oubliez pas de jeter un œil aux beaux objets d'inspiration cubiste de la boutique **Kubista** (p. 167).
Ovocný trh 19.

❺ STAVOVSKÉ DIVADLO★★

Théâtre des États
Vivez un moment d'émotion en assistant à un opéra de Mozart dans la salle où fut créé *Don Giovanni*, le 29 octobre 1787. Tout au long de l'année, la très belle salle au décor

Pause glamour : Café-Café

C'est le rendez-vous du Tout-Prague. Mannequins, publicitaires, stars de hockey et politiciens s'y retrouvent. Entre ces murs de brique, on vient pour voir et être vu autour d'une tartine (119-189 Kč), d'un thé (79 ou 85 Kč), d'un cheesecake (109 Kč), d'un plat (209-395 Kč), ou même d'un petit déjeuner (à partir de 85 Kč). Bar gay et *straight friendly.*

● 15 Rytířská 10 • ☎ 774 331 122 • www.cafecafe.cz • T.l.j. 10h-23h.

néobaroque et à l'excellente acoustique accueille ballets, opéras et représentations théâtrales. Voir aussi p. 135.

Ovocný trh 1 • ☎ 224 902 231 (visites guidées, min. 10 pers.) ou 224 901 448 (billets) • www.narodni-divadlo.cz

❻ KAROLINUM★

Université Charles

C'est ici que Charles IV, décidé à faire de Prague le foyer politique et culturel de l'Europe, fonda en 1348 la première université d'Europe centrale. Ce vénérable bâtiment baroque, qui est aujourd'hui le siège administratif de l'université Charles, a quelques beaux restes gothiques, dont on aperçoit la trace à l'angle de la place Ovocný trh.

Železná 9 • ☎ 224 491 251 • F. au public, visites guidées possibles, rens. : organiz@ruk.cuni.cz

❼ TÝNSKÝ DVŮR★★

Cour du Týn ou cour des Marchands

Pour atteindre la cour du Týn, il faut contourner la cathédrale par l'étroite ruelle Týnská. Du XIe au XVIIIe s., on accueillait ici les marchands étrangers qui devaient s'acquitter des droits de douane. Selon le plan original, les bâtiments de la cour étaient fermés par deux portes. Observez la **maison Granovský,** reconnaissable à son élégante loggia ouverte au premier étage. Elle a été bâtie en 1560 selon le modèle d'un palais italien de la Renaissance ; ses ravissantes fresques en sgraffites représentent des scènes mythologiques et bibliques.

❽ PIVNÍ LÁZNĚ BERNARD★

Spa de bière

Amateurs de bière, voilà une expérience originale ! Relaxez-vous dans un bain de houblon, de levure et de sucre tout en buvant autant de bière que vous le souhaitez, tirée d'un fût venant jusqu'à vous. On s'installe dans de longues baignoires à partager (ou pas) et le traitement dure 30 min (une baignoire, 2 590 Kč pour une ou deux personnes ; deux baignoires, 3 190 Kč pour deux personnes). Ensuite, on se détend dans une petite salle de repos où des massages sont possibles.

Týn 10 • ☎ 777 00 18 18 • www.pivnilaznebernard.cz • T.l.j. 11h30-22h • Résa conseillée.

❾ ÉGLISE NOTRE-DAME-DE-TÝN★★

Kostel Matky Boží před Týnem

Cette sombre église gothique (1365) aux deux flèches gigantesques fut la plus importante des églises hussites de Prague. Elle renferme la pierre tombale de l'astronome danois Tycho Brahe, mort en 1601 d'un éclatement de la vessie au cours d'une audience royale avec Rodolphe II. D'où la surprenante expression locale : « Je ne veux pas mourir comme Tycho Brahe », autrement dit « je dois aller aux toilettes ».

Détails architecturaux

Les trois nefs et les trois chœurs ont été réalisés par l'atelier de Parléř, architecte en chef de Charles IV. En 1689, un incendie ravagea complètement la voûte de la nef principale, qui fut reconstruite dans un style gothique. Au quatrième pilier à gauche, remarquez le baldaquin gothique de pierre, réalisé par Rejsek en 1493. Les plus vieux fonts baptismaux de Prague (1414) se trouvent dans cette église et sont situés dans le chœur latéral au fond de la nef sud. Admirez près de l'autel le calvaire gothique du XVe s.

Peintures

Le tableau du maître-autel représentant l'Assomption et la Sainte-Trinité ainsi que les tableaux des autels accolés aux colonnes ont été peints entre 1648 et 1660 par Škréta, premier peintre baroque de Bohême. Sur le côté droit de la nef centrale, au cinquième pilier, se trouve la tombe de Tycho Brahe (1546-1601).

Curiosité

À l'époque où la famille Kafka habitait la maison adjacente « Aux trois rois » (Celetná 3), Franz pouvait observer ce qui se passait dans l'église depuis une petite fenêtre donnant sur le mur sud de Notre-Dame. Cette église réserve vraiment une curieuse atmosphère...

Staroměstské náměstí 604 • ☎ 222 318 186 • www.tyn.cz • Mars-déc. mar.-sam. 10h-13h et 15h-17h, dim. 10h-12h ; janv.-fév. mer. 17h-18h30, jeu. 10h-12h et 14h-18h30, ven. 10h-12h et 14h30-17h, w.-e. 10h-12h • Accès libre (1 € de donation recommandé).

Église Notre-Dame-de-Týn

Place de la Vieille-Ville

⑩ PLACE DE LA VIEILLE-VILLE★★★

Staroměstské náměstí

La place de la Vieille-Ville, le marché le plus ancien de Prague (1091), est une véritable leçon d'histoire tchèque en plein air. Les 27 croix blanches gravées au sol symbolisent les protestants exécutés en 1621 après la bataille de la Montagne Blanche, qui livra le pays aux Habsbourg. Klement Gottwald y proclama le coup de Prague communiste en 1948 et, 42 ans plus tard, Václav Havel y annonça le retour à la démocratie. Au centre de la place se dresse le **monument à Jan Hus,** célébrant le héros réformateur brûlé vif en 1415.

⑪ PALÁC KINSKÝCH★

Palais Kinský

Ce palais baroque, devenu musée d'art, abrite les collections de la galerie nationale de Prague. Des expositions temporaires s'y déroulent, comme celles sur l'artiste tchèque Jiří Kolář (2018), les artistes tchèques en Bretagne de 1850 à 1950 (2018-2019), l'impressionnisme français (2019), Václav Hollar et l'art du dessin (2019-2020)... Retrouvez le programme des expositions sur le site Internet.

Staroměstské náměstí 12 • ☎ 224 301 122 • www.ngprague.cz • T.l.j. 10h-18h (20h mer. et sam.) • Entrée : 280 Kč.

Pause glacée : Angelato Café

De l'avis de tous les Pragois, les meilleures glaces sont celles d'Angelato. Ce glacier - tenu par une famille qui n'a rien d'italien - n'utilise que les meilleurs produits naturels. Aussi la pistache de Bronte explose en bouche comme la noisette du Piémont. Difficile de ne pas fondre ! À déguster sur place ou à emporter. Une autre adresse, près de la colline de Petřín, a aussi ouvert ses portes (Újezd 24) !

● 16 Rytířská 27 • ☎ 224 235 123 • www.angelato.cz • T.l.j. 11h-21h (22h mai-sept., 20h nov.-déc.) • F. janv.-fév. • 1 boule : 45 Kč ; 2 boules : 80 Kč ; 3 boules : 115 Kč.

⓬ CITY GALLERY PRAGUE - DŮM U KAMENNÉHO ZVONU★

Maison de la Cloche en pierre
Cet espace, souvent délaissé par les visiteurs, programme de très intéressantes expositions d'art moderne et contemporain. Découvrez le café installé dans la cour, qui propose une belle échappée à l'abri de la foule.
Staroměstské náměstí 13 • ☎ 224 828 245 • www.ghmp.cz • Ouv. lors des expositions : mar.-dim. 10h-20h • Entrée : 120 Kč.

⓭ KOSTEL SV. MIKULÁŠE★

Église Saint-Nicolas
Cette église fut bâtie de 1732 à 1735 sur des plans de Dientzenhofer, le génie du baroque tchèque. Ne ratez pas le lustre en cristal de Bohême, qui pèse une tonne et demie.
Staroměstské náměstí 1101 • ☎ 602 958 927 • www.svmikulas.cz • Lun.-sam. 10h-16h, dim. 12h-16h • Accès libre.

⓮ STAROMĚSTSKÁ RADNICE★★★

Hôtel de ville
Les automates de l'**horloge astronomique** (1410) sont l'un des attraits de cet ensemble de maisons gothiques. Chaque heure, la foule subjuguée regarde défiler le Christ et les apôtres, au son d'une cloche tirée par un squelette. À compléter par la montée en ascenseur de la tour (70 m), pour une vue unique sur la ville, et par la visite de la salle gothique du conseil municipal et des caves.
Staroměstské náměstí 1 • ☎ 236 002 629 • www.staromestskaradnicepraha.cz • Entrée : 250 Kč (salles + tour + caves).
Tour : lun. 11h-22h, mar.-dim. 9h-22h.
Caves et salle gothique : lun. 11h-19h, mar.-dim. 9h-19h.

⓯ MALÉ NÁMĚSTÍ★★

Petite Place
C'est sur cette charmante extension de la place de la Vieille-Ville qu'ouvrit au nº 3, en 1353, la première pharmacie de Prague, Schnöblingova lékarna. Elle a été transformée en Hard Rock Cafe... mais son décor baroque est intact.

Horloge astronomique

Art nouveau et cubisme

Au tournant des XIXe et XXe siècles, une incroyable explosion créatrice met la ville à l'avant-garde de l'art européen. Cousine slave du Jugendstil allemand, de la Sécession autrichienne et de l'Art nouveau français, la version pragoise de ce courant s'épanouit si bien que, du Café Europa à la gare centrale en passant par le palais Lucerna, on compte pas moins de 300 édifices Art nouveau !

FAIRE SÉCESSION

Traduction littérale de la « Sécession » viennoise, cette révolution architecturale doit son nom de *Secese* à la volonté revendiquée de rompre avec le style historicisant du XIXe s. pour trouver un **nouveau langage esthétique.** Apparu pour la première fois lors de l'exposition du jubilé de 1891, ce style se caractérise par l'omniprésence de **lignes courbes** et de **motifs végétaux et floraux.**

UN ART TOTAL

L'architecture, la **peinture,** mais aussi l'ensemble des **arts décoratifs** sont concernés par l'Art nouveau, fondé sur le concept de l'« art total ». Les vitraux, les placages de stucs rehaussés d'or, les papiers peints, les mosaïques, les meubles et les bijoux participent de ce qui, plus qu'un courant esthétique, se conçoit comme un nouvel art de vivre.

LE « STYLE NOUILLE » DE MUCHA

Né en 1860 en Moravie, le plus connu des artistes tchèques est l'incarnation même de l'Art nouveau avec ses ensorcelantes créatures aux chevelures flottantes, dans une profusion de fleurs et d'arabesques. En France, on qualifie son œuvre de « style nouille ». C'est en 1894, à Paris, avec une première affiche dessinée pour Sarah Bernhardt, que ce brillant touche-à-tout, illustrateur, mais aussi peintre, sculpteur et créateur de somptueux

Mucha - Maison municipale

bijoux et robes, devient célèbre. Refusé à l'Académie, Mucha quitte Prague à 19 ans. Il y revient définitivement en 1910 et décore la salle du conseil de la **Maison municipale** (p. 32). Après avoir longtemps boudé le plus parisien de leurs compatriotes, les Pragois ont enfin inauguré le **musée Mucha** en 1998 (p. 78).

Maison cubiste

LE CUBISME

En réaction à la ligne serpentine de l'Art nouveau, Prague sacrifie au cubisme, et ce, dès 1910. Fondé par des successeurs de Braque et de Picasso, le « groupe des plasticiens », comme on les appelle alors, s'adjoint le concours d'architectes tels Josef Chochol, Josef Gočár ou Pavel Janák, qui seront les seuls en Europe à mettre en œuvre une architecture cubiste. C'est au pied de la colline de **Vyšehrad** (p. 86) que se dressent ces étonnantes réalisations. Ne ratez pas non plus la façade de la **maison à la Vierge noire** (p. 35).

VILLAS BABA

Même s'il est un peu excentré, le quartier de Baba vaut une visite pour ses **33 villas** bâties entre 1928 et 1933. Conçu comme une véritable « colonie constructiviste » par **Pavel Janák,** ce surprenant lotissement a été entièrement élevé par des membres de l'avant-garde architecturale tchèque et européenne tels que Josef Gočár ou Adolf Loos. Il s'agit des rues Na Babě, Nad Paťankou et Jarní (HP par A1, tram 8 ou 18, arrêt Nádraží Podbaba).

Une journée Art nouveau

Réveillez-vous à l'**hôtel Paříž** (p. 200) et prenez un petit déjeuner juste à côté au café de la **Maison municipale** (Obecní dům, p. 32). Après avoir admiré la décoration des salles d'exposition, dévalisez la boutique **Modernista** (p. 169) avant de visiter le petit **musée Mucha** (p. 78). Déjeunez sous les mosaïques du **Café Imperial** (p. 128), puis baladez-vous dans l'**avenue Nationale** (Národní, p. 79) et la **rue de Paris** (Pařížská, dans Josefov, p. 48). Dînez au restaurant français de la Maison municipale et assistez à un concert **salle Smetana** (p. 137). Pour terminer la soirée, prenez un verre au **Lucerna Music Bar** (p. 147).

Le temps du communisme

Connus pour avoir mis fin en douceur à l'expérience communiste, les Pragois n'en ont pas moins effacé toutes les traces et symboles de cette époque honnie. Seuls les mémoriaux, dédiés aux martyrs, et la place Venceslas, haut lieu des combats dissidents, demeurent dans leur cœur. Retour sur plus de quarante années de luttes qui ont forgé l'identité des Pragois.

LE COUP DE PRAGUE

Muzeum komunismu

Les Pragois, appuyés par les troupes soviétiques, se libèrent de l'occupant nazi le 9 mai 1945. D'abord cadenassés dans un gouvernement d'union nationale, les communistes se lancent bientôt à la conquête du pouvoir. Soutenus par Moscou, ils refusent d'abord le plan Marshall, puis noyautent la police et interdisent les journaux d'opposition. Forts de leur succès aux élections de 1946 (38 % des voix), ils mettent la pression dans la rue, armes à la main. La démission des ministres non communistes ouvre la voie, le 25 février 1948, à la formation d'un gouvernement communiste sous la direction de **Klement Gottwald.** Après ce « coup de Prague », la Tchécoslovaquie appartient tout entière au Parti communiste.

Vestiges et symboles

Les vestiges de l'ère communiste sont rares à Prague. Installé dans le parc Letná (Letenské sady, C1), le **monument à Staline,** sa plus grande représentation au monde, a été détruit en 1962. On peut encore en voir l'immense socle de marbre, devenu un spot de skate réputé en Europe ! L'**ancien siège de la police politique,** la StB, situé dans un bâtiment cubiste de 1925, est encore visible à l'angle de Na Perštýně et de Bartolomějská (H8). La **place Venceslas** (p. 76), lieu de la révolution de Velours, est pour les Pragois un véritable symbole d'indépendance nationale. Le **mémorial à Jan Palach,** situé devant le Musée national (D3, p. 77), est un autre lieu d'identité. La visite guidée (en anglais) « Prague au temps du communisme » permet de découvrir ces lieux de mémoire (t.l.j. à 10h30 et 14h30 ; ☎ 226 235 080 ; www.avantgarde-prague.fr ; entrée : 700 Kč). Voir aussi le **musée du Communisme** p. 34.

SUCCESSION

La mort de Gottwald en mars 1953 (une grippe attrapée à l'enterrement de Staline !) et son remplacement par **Antonín Novotný** à la tête du PC n'y font rien : le pays poursuit collectivisation agricole et planification industrielle. Secondé par la police politique - la puissante StB -, le gouvernement lutte contre l'Église, purge l'armée et le Parti, et réduit l'ensemble des intellectuels dissidents au silence.

LE PRINTEMPS DE PRAGUE

La lueur d'espoir, il faut la chercher du côté de la nouvelle génération, fatiguée des restrictions apportées aux libertés et choquée par le retard économique du pays. En janvier 1968, sous la pression du Parti, Novotný cède la place au réformateur slovaque **Alexander Dubček.** Très vite, Dubček supprime quasiment la censure, libère les écrivains emprisonnés et réhabilite les victimes de l'ère stalinienne. Le monde entier a les yeux rivés sur cette expérience de « socialisme à visage humain ». Mais Moscou craint la contagion : l'Armée rouge envahit le pays dans la nuit du 20 au 21 août 1968. La population organise alors la résistance passive (les panneaux d'indication sont arrachés pour égarer l'occupant). Le 16 janvier et le 25 février 1969, deux étudiants, **Jan Palach** puis **Jan Zajíc,** s'immolent par le feu pour protester contre l'occupation soviétique.

LA RÉVOLUTION DE VELOURS

C'est **Gustáv Husák,** dernier dirigeant communiste du pays, qui ordonna la « normalisation » : le Parti est purgé de 500 000 membres, les intellectuels sont exilés ou condamnés aux travaux forcés. La fronde des intellectuels prend de l'ampleur avec la **Charte 77,** un collectif réclamant le respect des droits de l'homme. Beaucoup de ses signataires, dont son auteur, l'intellectuel **Václav Havel** (1936-2011), sont emprisonnés. En novembre 1989, la contestation qui fait tomber le mur de Berlin se propage à l'Est. D'immenses manifestations pour la démocratie occupent la place Venceslas après que la répression d'une marche à Prague a provoqué l'indignation nationale. La **mobilisation** et la **grève générale,** sous le leadership du Forum civique et de son fondateur Václav Havel, provoquent la chute des dirigeants communistes. Dominant la foule de la place Venceslas, Dubček et Havel prononcent des discours historiques : le Printemps de Prague triomphe enfin.

3 Josefov, L'ANCIEN QUARTIER JUIF

● Restos & bistrots p. 107 ● Bars, clubs & sorties p. 138 ● Boutiques p. 170

De l'ancien ghetto juif, il ne reste que quelques ruelles tortueuses, des synagogues et un cimetière. Le quartier doit son nom à l'empereur Joseph II qui a aidé à l'intégration des juifs en publiant un édit de tolérance en 1781. On dit que le fantôme du Golem y rôde encore à la tombée de la nuit…

❶ RUDOLFINUM★★

De style néo-Renaissance, ce bâtiment, au nom de l'archiduc d'Autriche Rodolphe de Habsbourg, est le siège de la philharmonie tchèque. Il abrite la **galerie Rudolfinum** aux expositions temporaires de haut vol (arts contemporain, moderne ou classique, p. 98) ainsi qu'un café.

Náměstí Jana Palacha 1 • ☎ 227 059 227 (infos) • Billetterie : Alšovo nábřeží 12 • ☎ 227 059 227 (billets et infos) • www.ceskafilharmonie.cz • Ouv. pour les concerts (p. 141).

❷ UMĚLECKO-PRŮMYSLOVÉ MUZEUM★★

Musée des Arts décoratifs

Sa collection unique de mobilier, de tapisseries, d'horloges et de cristal de la Renaissance au style Biedermeier est la quintessence du génie artistique de Bohême.

Après les rénovations effectuées entre 2015 et 2017, le musée rouvre progressivement à travers des expositions temporaires. Par ailleurs, une partie de ses objets est encore présentée lors d'expositions dans divers lieux, dont la dům U Černé Matky Boží (p. 35).

Verrerie et porcelaines

Le verre de Bohême existe depuis le Moyen Âge, mais il s'épanouit à l'arrivée du célèbre graveur Lehman à la cour de Rodolphe II. La collection rassemble des verres ciselés (XVIe-XVIIIe s.), mais aussi des verres de l'Antiquité jusqu'à l'Art nouveau en passant par le Moyen Âge, la Renaissance, le baroque et le rococo. Du côté des céramiques, ne manquez pas les porcelaines de Meissen du XVIIIe s. et, bien sûr, le XXe s., avec les célèbres cendriers et sucriers de Janák et Hofman.

Mobilier et tissus

La mode n'est pas en reste avec des costumes de femmes du début du XIXe s. Voyez les tissus de soie du XVIIe s., les fines dentelles du XIXe s. et des pièces modernes comme celles de Paličková (1926) aux motifs rappelant Léger. Côté mobilier, la collection réunit des cabinets sculptés et incrustés époque Rodolphe II et des meubles Renaissance. Observez le style cubiste des merveilleux meubles de Janák.

Des objets du quotidien

Au rayon du livre imprimé, l'éclectisme est encore au rendez-vous avec cette bible en tchèque datant de 1506 et cette collection d'affiches 1850-1935, dont celle de l'exposition Rodin à Prague en 1902. Du XVe s. au XXe s., découvrez montres à gousset, cadrans solaires, pendules Empire et Art nouveau.

17. listopadu 2 • ☎ 778 543 900 • www.upm.cz • Mar. 10h-20h, mer.-dim. 10h-18h • Expositions temporaires (vérifier la programmation en ligne) : de 150 à 220 Kč, toutes les expos 300 Kč.

❸ VIEUX CIMETIÈRE JUIF★★★

Starý židovský hřbitov

Pendant trois siècles, cet enclos fut le seul lieu de sépulture autorisé

Vieux cimetière juif

pour la communauté juive de Prague. Près de 100 000 personnes y seraient inhumées, et 12 000 stèles s'y enchevêtrent, composant un impressionnant tableau. La tombe la plus ancienne date de 1439, la plus récente de 1787, et la plus visitée est celle du rabbin Löw, devant laquelle sont déposés cailloux et petits billets portant des vœux.
Široká 3 • Infos pratiques : voir le Musée juif ci-dessous.

❹ ŽIDOVSKÉ MUZEUM★★

Musée juif

Les synagogues Maïsel - **Maiselova** -, Pinkas - **Pinkasova** -, espagnole - **Španělská** - et Klausen - **Klausová** -, ainsi que la salle des cérémonies abritent les diverses sections du Musée juif. Fondé en 1906, il enrichit sa collection à partir de 1942 quand les nazis décidèrent, sur l'idée de quelques juifs, d'y réunir les objets confisqués aux communautés juives de Bohême-Moravie. Il est d'une grande richesse. La synagogue Pinkas liste les 77 297 victimes tchèques sur ses murs, et elle expose des dessins d'enfants déportés au camp de Terezín.
Billets et plans du Musée juif (constitué des synagogues et du cimetière) à retirer au centre d'information et de réservation du musée : Maiselova 15 • ☎ 222 749 464/461 • www.jewishmuseum.cz • Fin mars-oct. t.l.j. sf sam. 9h-18h ; nov.-mars 9h-16h30 ; f. fêtes juives (détail sur le site Internet) • Entrée (selon option billet combiné, voir p. 23) : 200, 330 ou 500 Kč ; galerie Robert Guttmann (r.-d.-c.) : 50 Kč.

❺ SYNAGOGUE VIEILLE-NOUVELLE★★★

Staronová synagoga

Seule la synagogue Vieille-Nouvelle est encore un lieu de culte actif.

Entre légende et réalité

Lors de sa construction, des murs de pierres blanches furent mis au jour puis identifiés comme ceux d'une synagogue, grâce à la découverte d'un rouleau de la Torah et de livres de prières. On décida alors de construire la synagogue avec ces pierres et de l'appeler synagogue Vieille-Nouvelle. Selon l'autre version, appelée synagogue Nouvelle au départ, elle fut nommée Vieille-Nouvelle au XVIe s., lors de l'édification d'autres lieux de culte.

Un style dépouillé

Cet édifice de style gothique primitif est le dernier exemple de synagogue médiévale d'Europe. Sa façade austère, surmontée d'un pignon en brique, abrite un intérieur d'une grande sobriété. On y accède par un petit escalier étroit, ouvert dans la façade sud. Dans le vestibule, la porte de la salle de prières est ornée d'un magnifique tympan sculpté.

La salle de prières

Une double nef droite, séparée par des piliers octogonaux, est coiffée d'une voûte à cinq nervures. Les chapiteaux sont ornés de feuilles de vigne, symboles de fertilité. La chaire est ceinte d'une grille en fer forgé de style gothique flamboyant. Les murs sont entièrement percés de petites

Synagogue Vieille-Nouvelle

fenêtres à rainures donnant sur la galerie des femmes, galerie qui a été ajoutée au cours du XVIIIe s.

Maiselova 18 • www.synagogue.cz • Avr.-oct. dim.-jeu. 9h-18h (17h ven.) ; nov.-mars dim.-jeu. 9h-17h (15h ven.) ; f. sam. et fêtes juives ; ven. horaires parfois variables • Entrée : 200 Kč ; billet combiné, voir p. 23.

❻ ŽIDOVSKÁ RADNICE★

Hôtel de ville juif

Siège du Conseil des communautés religieuses juives de la République tchèque, cet édifice du XVIe s., coiffé d'une flèche verte, fut remanié en style rococo au XVIIIe s. Dans *Zone*, Apollinaire évoque son horloge, dont les aiguilles tournent de droite à gauche car le cadran est en hébreu.

Maiselova 18 • F. au public.

❼ PAŘÍŽSKÁ★

Rue de Paris

La rue de Paris est l'avenue Montaigne locale où fleurissent les enseignes de luxe à l'ombre des tilleuls. Mais c'est au-dessus des vitrines qu'il faut regarder : de très belles façades, dont certaines Art nouveau, s'offrent alors à vous. La rue, construite en un temps record, porte bien son nom car elle a des airs de la capitale française.

Pause gourmande : Bakeshop

De l'avis des Pragois, Bakeshop est l'une des meilleures pâtisseries de la ville. Dans une ambiance un brin new-yorkaise, les branchés en ont fait leur QG pour avaler une salade (35-190 Kč), une quiche (195 Kč), un délicieux cookie (22 Kč) ou un brownie (33-39 Kč). Perchés sur de hauts tabourets devant un comptoir, ils observent les passants à travers les baies vitrées ou lisent un magazine. Inutile de dire que l'adresse est prise d'assaut lors de la Fashion Week.

● 28 Kozí 1 • ☎ 222 316 823 • www.bakeshop.cz • T.l.j. 7h-21h.

❽ KLÁŠTER SV. ANEŽKY★★★

Couvent Sainte-Agnès et musée d'Art médiéval et Renaissance

Fondé en 1234 par la sœur du roi Venceslas, canonisée à la veille de la révolution de Velours, ce couvent fut l'un des principaux centres religieux de Bohême. Il s'agit aujourd'hui d'un musée consacré à la période médiévale et aux prémices de la Renaissance. On y admire une superbe collection de retables, statues, vitraux et peintures sur panneaux d'art gothique, dont des toiles du maître Théodoric. D'autres régions d'Europe centrale, comme l'école du Danube, sont également représentées. Ces œuvres sont issues des collections de la Galerie nationale.

U Milosrdných 17 • ☎ 778 725 086 • www.ngprague.cz • Mar.-dim. 10h-18h, mer. 10h-20h • Entrée : 220 Kč.

4 Le Château, UNE VILLE DANS LA VILLE

● Restos & bistrots p. 112

Que l'on ait lu ou non Kafka, on se doit de visiter le Château, symbole de la ville. Aux rois de Bohême qui y habitèrent ont succédé les présidents de la République – jusqu'à Gustáv Husák, Václav Havel préférant une demeure moins princière. Mais rien ne vous oblige à sillonner entièrement les 42 ha : laissez ainsi un peu de mystère planer sur ces pierres…

❶ GALERIE DU CHÂTEAU★

Grand collectionneur d'art, Rodolphe II avait accumulé une fantastique collection de peintures qui fut dispersée avec le temps. Reconstituée dans les années 1920, elle est exposée dans les anciennes écuries du Château. On y trouve des toiles de Cranach l'Ancien, Rubens, Hans von Aachen, ainsi que quelques grands noms italiens comme Véronèse et le Tintoret.

2e cour • ☎ 224 372 316 • Entrée : env. 100 Kč (selon les expositions, si accès hors formules du Château)

Le Château, mode d'emploi

- **La meilleure façon de découvrir le Château** sans se fatiguer ni aller à contresens de la foule ? L'aborder par ses hauteurs… (p. 66) : empruntez le tram 22, arrêt Pohořelec (à deux pas du monastère de Strahov, p. 66), puis descendez à Loretánská.
- **Horaires :** l'**aire du Château** (enceinte et jardins) est accessible (gratuitement) t.l.j. 6h-22h. Les **bâtiments du Château** (accès payant, voir ci-dessous) sont ouverts t.l.j. 9h-17h d'avr. à oct. et 9h-16h de nov. à mars ; les **jardins** sont ouverts t.l.j. 10h-18h d'avr. à oct. seulement. La **relève de la garde** s'effectue en fanfare à 12h t.l.j. dans la 1re cour. Une, moins sensationnelle, a lieu toutes les heures de 9h à 18h.
- **L'entrée aux bâtiments est payante** (voir exceptions dans les infos pratiques de chaque lieu) : les billets, valables 2 jours à partir de la date d'achat, sont en vente dans les centres d'information situés dans les 2e et 3e cours. Ils permettent de visiter tous les lieux ouverts au public (une seule fois chaque site) selon huit formules (de 70 à 350 Kč). Audioguides disponibles (450 Kč/j. ou 350 Kč/3 h). Comptez une journée pour le grand tour.

☎ 224 372 435/415 • www.hrad.cz • www.kulturanahrade.cz

• Voir « Le Château, mode d'emploi » ci-dessus.

❷ CATHÉDRALE SAINT-GUY★★★

Chrám sv. Víta
Commencée en 1344 par l'architecte français Mathieu d'Arras, la construction de ce vaisseau de pierre gothique ne fut achevée qu'en… 1929 ! Ne manquez pas, dans le chœur, le très rococo sarcophage de saint Jean Népomucène, ni la chapelle Saint-Venceslas aux murs décorés de jaspes et d'agates de Bohême. La cathédrale abrite de magnifiques vitraux Art nouveau, dont un signé Alfons Mucha.

La Porte dorée

Sous Charles IV, l'entrée principale se faisait par la Porte dorée de la façade sud. Elle doit son nom à la mosaïque au fond rouge et doré (1371) représentant le Jugement dernier et Charles IV avec son épouse.

Le tombeau de saint Jean Népomucène

Parce qu'il aurait refusé de dévoiler au roi Venceslas IV une confession de la reine, le prêtre Jean Népomucène fut jeté du pont Charles en 1393 et canonisé en 1729. Pour son tombeau (1733-1736),

Cathédrale Saint-Guy

œuvre de Fischer von Erlach, ont été coulées deux tonnes d'argent.

La chapelle Saint-Venceslas (1362-1367)

Édifiée par Parléř à l'emplacement où Venceslas fut inhumé, la chapelle abrite une fresque composée de 1 345 pierres semi-précieuses serties dans un crépi doré. Les peintures du bas (1367) représentent la Passion, et les peintures du haut la vie de saint Venceslas (1507-1509).

La chambre du Trésor

Depuis la chapelle sur la droite, une porte donne accès à la chambre du Trésor, fermée par sept clés confiées à des personnages essentiels de l'Église et de l'État tchèques.

Pause paisible : Na Baště

Niché dans le paisible jardin sur le Bastion *(zahrada Na Baště)*, derrière une petite terrasse plantée d'ifs, ce restaurant sobre et lumineux propose une restauration légère, des boissons, des pâtisseries (95 Kč) et des glaces (120 Kč). Il présente le double avantage d'être un peu à l'écart du flot des touristes et de posséder une petite et agréable terrasse ombragée face à l'un des élégants portiques du Château. On y accède également par l'entrée nord, en prenant un escalier sur la droite avant de pénétrer dans le Château. Une halte sympathique !

● 31 Pražský hrad, Zahrada Na Baště 320 (à gauche de l'entrée du Château) • ☎ 224 373 599 ou 605 243 205 • www.nabaste.com • T.l.j. 10h-18h (17h en hiver) • Plats : 275-495 Kč.

C'est ici que reposent les joyaux de la Couronne de Bohême.

Le vitrail de Mucha

Dans la chapelle des Archevêques, sur la gauche, on peut admirer le superbe vitrail de Mucha : *Saints Cyrille et Méthode* (1931). Le petit-fils de l'artiste est représenté en bas en saint Venceslas.

3e cour (entrée par le porche côté ouest) • www.katedralasvatehovita.cz • Avr.-oct. lun.-sam. 9h-17h, dim. 12h-17h ; nov.-mars lun.-sam. 9h-16h, dim. 12h-16h • Accès libre, sf pour le chœur et la crypte • Voir « Le Château, mode d'emploi » p. 51.

❸ KRÁLOVSKÝ PALÁC★★★

Palais royal

Fondé au XIe s., ce palais, où se mêlent styles roman, gothique et Renaissance, fut la résidence des rois de Bohême puis des Habsbourg jusqu'à ce que ces derniers s'installent à Vienne au XVIIe s. Dessinée à la fin du XVe s. par Benedikt Riedl, la salle Vladislas est un pur joyau de l'architecture gothique. Des escaliers en pierre permettent d'accéder à la salle de la Diète, à celle des Registres et à la chapelle de tous les Saints. Les chevaliers et leurs montures accédaient à la salle Vladislas (aussi surnommée « salle des Tournois ») par l'escalier dit « des Cavaliers », coiffé de voûtes gothiques vraiment uniques. Cet escalier par lequel on ressort permet de rejoindre la captivante exposition sur l'histoire du Château. Par la salle Vladislas, on accède à la Chancellerie de Bohême, où eut lieu la célèbre défenestration de Prague le 23 mai 1618, prélude à la guerre de Trente Ans.

3e cour • Voir « Le Château, mode d'emploi » p. 51.

❹ TEREZIÁNSKÉ KŘÍDLO STARÉHO KRÁLOVSKÉHO PALÁCE★

Aile Thérèse-de-l'Ancien-Château

Cette partie du Château, rénovée par l'architecte tchèque Otto Rothmayer, accueille plusieurs expositions par an. Vérifiez la programmation auprès des différents centres d'information du Château.

☎ 224 372 434 • www.kulturanahrade.cz • T.l.j. 10h-18h (variable selon les expos) • Entrée : env. 100 Kč (selon les expos, hors formules du Château).

Královský palác

❺ PRAŠNÁ VĚŽ★

Tour des Poudres
Édifiée au XVIe s. sur l'emplacement d'un bastion défensif, cette sobre poudrière accueillit l'atelier du fondeur Tomáš Jaroš, puis un laboratoire d'alchimistes sous Rodolphe II, avant d'être convertie en dépôt de munitions au XVIIe s. Elle abrite désormais une exposition sur l'histoire des gardes du Château.
Accès derrière la cathédrale • Entrée : 70 Kč • Voir « Le Château, mode d'emploi » p. 51.

❻ BAZILIKA SV. JIŘÍ★★

Basilique Saint-Georges
Flanquée de deux tours blanches, cette basilique romane fondée au Xe s. est l'une des mieux conservées du pays. La façade baroque date du XVIIIe s. À l'intérieur se trouvent les tombeaux des Přemyslides, les premiers souverains de Bohême.
Náměstí U sv. Jiří 33 • Voir « Le Château, mode d'emploi » p. 51.

❼ RUELLE D'OR★★★

Zlatá ulička
Impossible de résister au charme de ces maisons de poupée colorées et collées les unes aux autres. Construites à l'origine pour héberger les gardes du château (et non pas les alchimistes comme le veut la légende) de l'empereur Rodolphe II, elles sont devenues au fil des siècles le repaire des artisans et des artistes. Au nº 12, l'historien Josef Kazda cacha et sauva des films muets tchécoslovaques sous l'occupation allemande. Et c'est au nº 22, aujourd'hui librairie, que Franz Kafka logea le temps d'écrire *Un médecin de campagne*. Rénovée, la ruelle est aujourd'hui dévolue aux boutiques et aux touristes, à qui on offre un aperçu de la vie d'avant avec taverne, atelier d'orfèvre, salon de voyance, etc. N'oubliez pas de monter par la **tour Blanche**, qui mène à une longue galerie aux armures, où vous pourrez tirer à l'arbalète (50 Kč).
Entrée comprise dans le billet du Château. Accès libre à la rue (sans les bâtiments) apr. 17h en été et 16h en hiver.

❽ DALIBORKA★

Tour Daliborka
Utilisée comme prison jusqu'en 1781, elle porte le nom de son premier pensionnaire, le chevalier Dalibor de Kozojedy, qui inspira à Bedřich Smetana son opéra *Dalibor*. Enfermé

dans le cachot - qui se visite encore - et affamé, il demanda un violon et révéla des dons de musiciens qui lui permirent de se nourrir et de gagner la sympathie des habitants. En vain : malgré les appels du peuple pour le libérer, il fut décapité en 1498. De cette légende reste aujourd'hui un adage tchèque : « La misère a appris à Dalibor à jouer. »
Voir « Le Château, mode d'emploi » p. 51.

9 LOBKOWICZKÝ PALÁC★★★

Palais Lobkowicz
Confisqué (et rendu) deux fois à la famille Lobkowicz, ce palais du XVIe s. présente une extraordinaire collection du XVIe au XXe s., comptant des toiles de maîtres (Canaletto, Brueghel l'Ancien, Velázquez...), de la porcelaine et de l'art décoratif, une salle d'armes, des instruments de musique, etc. Audioguide gratuit (en français) et concert de musique classique tous les jours à 13h (de 390 à 490 Kč ; 1 h). Le café-restaurant offre une vue magnifique.
Jiřská 3 • www.lobkowicz.cz • T.l.j. 10h-18h.
Palais : ☎ 702 201 145 ou 233 312 939 • Entrée : 295 Kč, tarif indépendant des formules du Château.
Café-restaurant : ☎ 602 332 086.

10 JIŽNÍ ZAHRADY★

Jardins sud
On doit au président Havel la réouverture en 1990 de cet ensemble de petits jardins en contrebas du Château. Ils offrent une belle vue sur le vieux palais royal et Malá Strana, ainsi que le **vignoble de Saint-Venceslas** (p. 93). Dans le **jardin des Remparts** *(zahrada Na Valech)*, deux obélisques indiquent l'endroit exact où les représentants impériaux atterrirent, sains et saufs malgré une chute de 15 m, lors de la défenestration de 1618.
Avr.-oct. t.l.j. 10h-18h ; f. nov.-mars • Accès libre.

11 KRÁLOVSKÁ ZAHRADA★★

Jardins royaux
Situés au nord du Château (ils en sont séparés par le fossé aux Cerfs), ces jardins furent dessinés selon les canons de la Renaissance pour Ferdinand Ier. Les tulipes qui y fleurissent au printemps sont un lointain souvenir de celles que l'empereur fit apporter de Turquie - les premières en Europe - par ses ambassadeurs.
Avr.-oct. t.l.j. 10h-18h ; f. nov.-mars • Accès libre.

12 BELVEDÉR★★

C'est l'amour qui fit faire cette « folie » à Ferdinand Ier. Imaginez les fêtes et bals donnés en l'honneur de sa femme, la reine Anne, dans cette résidence d'été d'inspiration toscane de l'architecte italien Paolo Della Stella. Comble du raffinement : la fontaine en bronze.
Královská zahrada • Voir « Le Château, mode d'emploi » p. 51.

5 Malá Strana, CÔTÉ ROYAL

● Restos & bistrots p. 113 ● Bars, clubs & sorties p. 143 ● Boutiques p. 172

De palais en jardins et ruelles, Malá Strana offre un charme inégalable. La partie située aux abords du Château réserve bien des surprises : avant ou après la visite de l'ancienne demeure des rois de Bohême, venez faire une pause dans les jardins sous le Château, dont les terrasses fleuries sont reliées entre elles par des escaliers. Une visite du musée Kafka et un concert dans la splendide église baroque Saint-Nicolas viendront achever la visite du quartier.

❶ MUZEUM KAFKA★

Pour mieux connaître le monde de Kafka (voir encadré ci-contre), vous pouvez arpenter l'ancien quartier juif (p. 44) entre la place de la Vieille-Ville et la rue de Paris (*La Métamorphose* et *Le Procès* ont été écrits dans une maison située à l'emplacement de l'hôtel Intercontinental, sur Pařížská). Vous pouvez aussi vous hasarder dans ce musée interactif qui mêle documents, photos et projections.

Franz Kafka

Né à Prague en 1883 dans une famille juive, Franz Kafka est sans doute le plus célèbre des écrivains tchèques. Son œuvre est profondément marquée par Prague, dont il voit disparaître le vieux ghetto juif au profit d'une ville nouvelle. Habitué des cafés littéraires, il y retrouve des artistes et intellectuels pour débattre. Avant de mourir, en 1924, il demande à son ami Max Brod de brûler ses écrits. Ce dernier s'y refuse et la plus grande partie de l'œuvre de Kafka paraît après sa mort.

Cihelná 2b • ☎ 257 535 373
• www.kafkamuseum.cz
• T.l.j. 10h-18h • Entrée : 260 Kč.

❷ JARDINS SOUS LE CHÂTEAU DE PRAGUE★★★

Zahrady pod Pražským hradem
En 1852, le comte Adolf de Ledebour acquit ce palais édifié en 1601 (la bâtisse abrite les bureaux de l'Institut des monuments historiques). Après l'avoir traversé, on débouche sur une succession de jardins en terrasses, reliés entre eux par des escaliers et menant au Château.

De jardin en jardin

Ledebour, Pálffy, Kolowrat, Fürstenberg… ces jardins, agencés

Jardins sous le Château

et entretenus avec minutie, portent encore le nom des aristocrates qui habitèrent les palais en bas de la pente, le long de la rue Valdštejnská. On se promène dans le dédale d'escaliers et de passages étroits qui communiquent entre eux et permettent d'accéder au Château en rejoignant les **Jardins sud** (p. 55).

Fondation

Planté de vignes sous Charles IV, le versant sud de la colline, couronnée par le Château, fut d'abord découpé en jardins Renaissance avant d'être mis au goût baroque au XVIIIe s. Dans chaque jardin, des espaces secrets invitent au repos. Installez-vous à côté des vignes, rosiers et sculptures pour admirer les toits rouges de Malá Strana. Le **jardin Fürstenberg,** par lequel on arrive depuis le Château, fut dessiné dans les années 1780 dans le style rococo tardif à l'italienne. Un escalier dessert des terrasses, une loggia et deux orangeries.

Jardins sous le Château

Soirée romantique

Depuis le **jardin Kolowrat,** empruntez les escaliers du **jardin Pálffy** et prenez place dans la loggia panoramique pour rêver un instant devant la fontaine. En descendant, on retrouve la rue Valdštejnská pour rejoindre le **jardin Ledebour,** dernier de la série, qui mérite plus qu'un coup d'œil, avec sa *sala terrena*. Moment magique aux beaux jours quand un trio en costume y donne un concert de musique baroque...

Valdštejnská 14 (entrée), accès par le jardin Kolowrat ou par les Jardins sud (p. 55) • ☎ 257 214 817 • www.palacove-zahrady.cz • Avr. et oct. t.l.j. 10h-18h ; mai-sept. t.l.j. 10h-19h ; f. nov.-mars • Entrée : 100 Kč.

❸ VALDŠTEJNSKÝ PALÁC★★

Palais et jardins Wallenstein

Il fallut démolir une bonne trentaine de maisons, trois églises et le four à briques municipal pour édifier cette demeure frôlant la démesure (1624-1630) ! Nommé généralissime des armées impériales par Ferdinand II de Habsbourg, Albrecht von Wallenstein, maître des lieux, se fit « modestement » peindre en dieu de la Guerre au plafond de ce palais. Aujourd'hui, le lieu abrite le Sénat, tandis que son manège héberge des expositions de la Galerie nationale. Les divinités qui bordent le jardin ne sont que des copies des bronzes d'Adriaen de Vries. Le samedi et le dimanche, certaines pièces du palais, dont la grande salle d'apparat, sont ouvertes gratuitement au public.

Valdštejnské náměstí 4 • ☎ 257 075 707 • www.senat.cz

Intérieurs du palais : avr.-mai et oct. sam.-dim. 10h-17h ; juin-sept. sam.-dim. 10h-18h ; nov.-mars 1er w.-e. du mois 10h-16h.

Jardins : avr.-mai : lun.-ven. 7h30-18h, sam.-dim. 10h-18h ; juin-sept. : lun.-ven. 7h30-19h, sam.-dim. 10h-19h. • Accès libre.

❹ KOSTEL SV. TOMÁŠE★

Église Saint-Thomas

Construite à l'emplacement d'un sanctuaire gothique détruit pendant les guerres hussites, cette église est l'œuvre du génial Kilián Ignác Dientzenhofer. Les deux tableaux de Rubens qui ornent le maître-autel sont des copies, les originaux étant conservés par la Galerie nationale.

Josefská 8 • ☎ 257 530 556 • www.augustiniani.cz • T.l.j. 9h-16h30 • Accès libre.

❺ MALOSTRANSKÉ NÁMĚSTÍ★★

Magnifique concentration de maisons bâties au Moyen Âge, mais revues et corrigées dans les styles Renaissance puis baroque, la place principale de Malá Strana s'organise en deux parties autour de l'église Saint-Nicolas. Au centre, la colonne de la Peste rappelle l'épidémie qui décima la population pragoise en 1713.

❻ RUE NERUDOVA★★★

C'est parce que le poète Jan Neruda, auteur des *Contes de Malá Strana* (1878), vécut dans les maisons « Aux trois aigles noirs » (n° 44) et « Aux deux soleils » (n° 47) que l'axe principal de Malá Strana fut baptisé ainsi.

Les enseignes

Au Moyen Âge, des enseignes furent installées pour identifier les maisons, leur propriétaire ou leur fonction : « Aux deux soleils d'or », « Cupidon noir », etc. La plupart des noms sont liés à des légendes locales. Vous pourrez voir par exemple, au n° 11, un mouton rouge ou, au n° 27, la superbe enseigne de la Clé d'or. La numérotation des rues commença, quant à elle, bien plus tard, en 1770.

Les plus belles façades

Le n° 2, U Kocoura, est baroque de style néoclassique avec un portail Renaissance. Au n° 5, le **palais Morzin** est aujourd'hui l'ambassade de Roumanie. Sur le portail décentré se trouvent deux bustes de Brokoff (sa signature est encore visible) représentant le jour à gauche et

Pause apéro : Vinograf

Sept petites tables se disputent ce lieu chaleureux. On y déguste les vins de Moravie et de Bohême (au verre, de 64 à 165 Kč) accompagnés de petites assiettes de charcuterie ou de fromages tchèques provenant, entre autres, de la ferme Horní Dvorce (www.hornidvorce.cz). Idéal pour découvrir les vins locaux triés sur le volet par la sommelière Klára Kollárová. La bonne idée ? Repartir avec sa bouteille préférée sous le bras.

● 33 Míšenská 8 • ☎ 604 705 730 • www.vinograf.cz • Lun.-sam. 16h-minuit, dim. 14h-22h • Assiette de fromages (1 à 2 pers.) : de 270 à 350 Kč.

la nuit à droite, tandis que deux Maures gigantesques soutiennent le balcon. Dans l'écu, remarquez les armoiries du comte Morzin, qui lutta contre les Maures.
Au nº 12, « Aux trois violons », vécurent trois générations de luthiers. L'ambassade d'Italie au nº 20 se situe dans le **palais Thun-Hohenstein-Kolowrat,** construit en 1721-1726 sur un palais Renaissance. Le portail est orné de deux très imposants aigles, œuvres de Matyáš Bernard Braun. Au nº 33, le petit balcon de l'ancien **palais Bretfeld** (1765) vit défiler Mozart, Casanova et le Tout-Prague aristocratique.

❼ MUZEUM MONTANELLI★★

Ce musée programme plusieurs expositions d'art contemporain et moderne à l'année. Les œuvres des artistes locaux mais aussi internationaux, connus ou émergents, prennent un autre sens dans cet espace intime sur plusieurs niveaux.

Nerudova 13 • ☎ 257 531 220 ou 724 992 545 • www.muzeummontanelli.com • Ouverture selon les expositions, se rens. sur Internet • Entrée : 50 Kč.

❽ ÉGLISE SAINT-NICOLAS DE MALÁ STRANA★★★

Kostel sv. Mikuláše

Cette grandiose tempête de stucs et de dorures est l'exemple triomphant de la Contre-Réforme imposée à Prague par les Viennois. La meilleure façon d'observer en détail la démesure de son intérieur somptueux est d'assister à un concert.

La famille Dientzenhofer

Dès 1704, les Dientzenhofer, maîtres du haut baroque, s'occupèrent de l'ensemble des travaux. La nef et la façade revinrent au père, Kryštof, le chœur et la coupole au fils, Kilián Ignác, en 1722.
Le gendre Anselmo Lurago acheva le clocher (1751-1756) et l'intérieur.

L'intérieur

Au plafond, Kracker réalisa la plus grande peinture du XVIIIe s. à Prague (1 500 m²) : l'*Apothéose de saint Nicolas*. Au-dessus du buffet d'orgue, voyez cette fresque en trompe-l'œil de Palko, l'*Apothéose de sainte Cécile*, patronne des musiciens. Dans la nef principale, *La Glorification de la vie de saint Nicolas* et la *Célébration de saint Nicolas* sont de Kracker. Dans la coupole du chœur, admirez la fresque de 70 m de diamètre *Gloire de la Sainte-Trinité* (1752-1753) de Palko. Les statues néoclassiques des Pères de l'Église sont de Platzer (1768-1769) ; et la chaire aux subtils motifs et angelots, de Prachner (1765). Dans les chapelles latérales, remarquez les sculptures de Platzer et des fresques de Hager, Kracker et Kramolin.

Concerts

En 1787, Mozart joua sur les 2 500 tuyaux de l'orgue. Trois jours après sa mort en 1791, plus de 4 000 personnes assistèrent ici à un requiem. Des concerts y sont toujours donnés, avec une acoustique d'exception.

Malostranské náměstí • www.stnicholas.cz
Église : ☎ 257 534 215 • Mars-oct. t.l.j. 9h-17h ; nov.-janv. t.l.j. 9h-16h, fév. lun.-jeu. 9h-16h, ven.-dim. 9h-17h • Entrée : 100 Kč • Informations concerts à l'entrée ou sur le site Internet.
Clocher : ☎ 725 847 927 • Avr.-sept. t.l.j. 10h-22h ; mars et oct. t.l.j. 10h-20h ; nov.-fév. t.l.j. 10h-18h • Entrée : 100 Kč.

Église Saint-Nicolas de Malá Strana

6 Malá Strana, CÔTÉ SUD

● Restos & bistrots p. 113 ● Bars, clubs & sorties p. 143

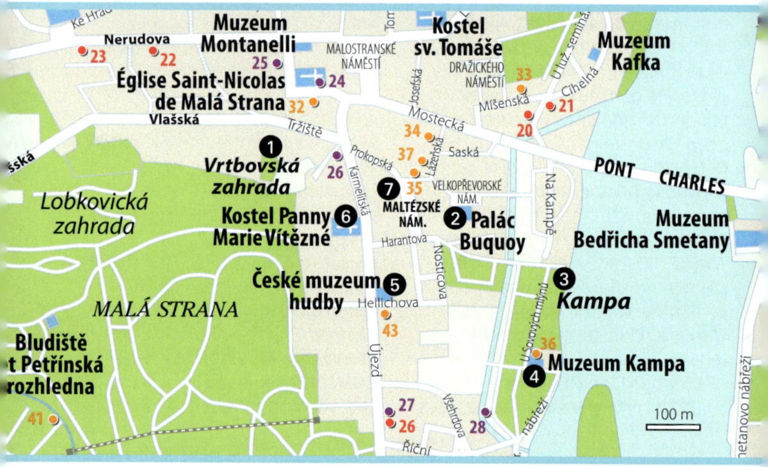

Fondé au XIIIe siècle sur les collines de la rive gauche, Malá Strana, littéralement le « Petit Côté », a connu un essor spectaculaire après la bataille de la Montagne Blanche de 1620 (la plus importante de la guerre de Trente Ans), lorsque les familles catholiques y bâtirent leurs somptueuses demeures. Flânez dans ses rues pavées pour sentir le cœur de la Prague aristocratique avant de rejoindre les rives bucoliques de la Vltava, où se dresse le musée d'Art moderne Kampa et une île-jardin.

❶ VRTBOVSKÁ ZAHRADA★★

Jardin Vrtba

Dissimulé derrière deux cours successives, ce jardin apparaît dans les coulisses du palais Renaissance comme un superbe trompe-l'œil. Les vasques et divinités antiques proviennent de l'atelier de Matyáš Braun.

Karmelitská 25a • ☎ 272 088 350 • www.vrtbovska.cz • T.l.j. 10h-19h • Entrée : 80 Kč.

❷ PALÁC BUQUOY★★

Palais Buquoy
De l'avis général, la plus raffinée des ambassades de Prague n'est autre que... l'ambassade de France, ou palais Buquoy (1738). De nombreuses scènes du film *Amadeus* de Forman furent tournées dans les salons de cette ancienne propriété des Buquoy, originaires des Flandres. Juste en face, n'oubliez pas d'immortaliser le **mur John-Lennon** : à sa mort en 1980, il est devenu un symbole de paix et de liberté d'expression dont les graffitis spontanés ont plusieurs fois été recouverts par le régime communiste. Autres temps, autres mœurs, aujourd'hui, la tradition de tags se perpétue mais en toute légalité.

Velkopřevorské náměstí 2 • F. au public.

❸ ÎLE DE KAMPA★★

Avec son côté « Venise de l'Est », cette île-jardin, où grince encore la roue du moulin du Grand Prieuré, fut habitée par de nombreux artistes, comme le compositeur Bohuslav Martinů ou le poète Vítězslav Nezval. Le chenal qui la sépare de Malá Strana doit son nom de *Čertovka* (« rivière du Diable ») aux esprits maléfiques censés le hanter !

❹ MUZEUM KAMPA★★★

En bordure de la Vltava, en amont du pont Charles, un moulin médiéval a été relooké pour accueillir les œuvres du célèbre coloriste František Kupka et d'autres grands noms de l'art moderne tels Otto Gutfreund et Jiří Kolář.

Île de Kampa

Déjeuner sur le pouce : Cukrkávalimonáda

Si vous cherchez un bel endroit entre l'ambassade de France et la place de Malte pour feuilleter votre guide, optez pour cet intérieur contemporain rehaussé de splendides poutres XVIIe s. décorées de motifs bucoliques. Vous y trouverez, entre autres, des plats de pâtes originaux (250-350 Kč), de délicieux gâteaux maison (89-149 Kč), etc.

37 Lázeňská 7 • ☎ 257 225 396 • www.cukrkavalimonada.com • T.l.j. 9h-19h • Plats : de 220 à 380 Kč.

Résistance artistique

Bien que deux fois victime des crues de la rivière en 2012 et 2013, le musée abrite la riche collection d'art moderne du couple Mládek, qui aida des artistes tchèques persécutés par les communistes. Ce n'est donc pas un hasard si les œuvres de la première salle abordent des thèmes difficiles. L'architecture, moderne et aérée d'un bloc en verre, apporte un peu de légèreté.

František Kupka

Près de 200 œuvres de František Kupka (1871-1957), le célèbre peintre abstrait tchèque, sont rassemblées. Comme Alfons Mucha, l'artiste vécut à Paris, où cette collection unique a commencé. Jan Mládek avait alors reçu un tableau signé de l'artiste, un cadeau d'un ami qui lui dit : « Je l'ai acheté aux enchères pour 500 francs, mais ce peintre est ton compatriote et un jour il sera très connu. » Belle prédiction ! Les œuvres de Kupka ont été exposées, entre autres, au musée d'Art moderne de New York et à celui de Paris.

Otto Gutfreund et l'art moderne

Autre artiste présenté, le sculpteur Otto Gutfreund (1889-1927), qui, à l'annonce de la Première Guerre mondiale, s'engagea dans la Légion étrangère française. Ses œuvres cubistes sont présentées aux côtés d'autres artistes d'Europe centrale. Ne ratez pas l'escalier en colimaçon menant au dernier étage.

Exposition temporaire

Une salle du rez-de-chaussée accueille des expositions temporaires d'artistes tchèques ou internationaux. Les murs ont déjà vu des œuvres de Yoko Ono, Joseph Beuys, Julian Opie, Gustav Klimt... Devant le musée, des sculptures de bébés de David Černý vous accueilleront, et des pingouins jaunes, alignés et prêts à sauter dans la Vltava, sont signés par Cracking Art Group.

U Sovových mlýnů 2 • ☎ 257 286 147 • www.museumkampa.cz • T.l.j. 10h-18h • Entrée : 270 Kč (tout le musée), 70-150 Kč (selon les expos temporaires).

❺ ČESKÉ MUZEUM HUDBY★

Musée tchèque de Musique
Cette église baroque transformée en auditorium accueille la prestigieuse collection des instruments de musique anciens du Musée national. On côtoie des centaines d'instruments, pièces de mobilier et tableaux d'époque, et on peut suivre, grâce à des écouteurs, des enregistrements originaux.
Karmelitská 2/4 • ☎ 224 497 707 • www.nm.cz • Mer.-lun. 10h-18h (horaires variables, vérifier sur le site Internet) • Entrée : 120 Kč.

České Muzeum Hudby

❻ KOSTEL PANNY MARIE VÍTĚZNÉ★★

Église Notre-Dame-de-la-Victoire
Si vous avez un vœu à formuler, c'est le moment ou jamais ! La première église baroque de Prague abrite l'idole des catholiques hispaniques : une statuette en cire de l'Enfant Jésus rapportée d'Espagne au XVᵉ s., à laquelle on attribue une douzaine de miracles. L'Enfant compte pas moins de 60 manteaux différents, dont l'un fut cousu par Marie-Thérèse d'Autriche en personne, pour remercier la statuette d'avoir protégé la ville du pillage pendant l'occupation française de 1742 !
Karmelitská 9 • ☎ 257 533 646 • www.pragjesu.cz
Église : lun.-sam. 8h30-19h, dim. 8h30-20h (messe en français dim. à 17h).
Musée : lun.-sam. 9h30-17h, dim. 13h-18h • Accès libre.

❼ MALTÉZSKÉ NÁMĚSTÍ★★

Place de Malte
Comme pour un concours d'élégance, quelques ambassades sont rassemblées sur cette place bordée de palais colorés : le **palais Nostitz** au nº 1, un majestueux édifice baroque, le **palais Straka,** plus dépouillé, au nº 14, le délicieux **palais Turba,** de style rococo, occupé par le Japon, ou encore l'**ambassade du Danemark** au nº 5...

7 Les hauts DE HRADČANY

● Restos & bistrots p. 115 ● Boutiques p. 172

Avec ses faux airs de Montmartre, ce quartier suspendu a un charme fou. Troisième cité pragoise vers 1320, cette excroissance du Château se découvre idéalement à la tombée du jour. Depuis les jardins du monastère de Strahov, Prague s'illumine alors des derniers feux du soleil couchant.

❶ MONASTÈRE DE STRAHOV★★★

Strahovský klášter

C'est sur cette colline avec vue dégagée sur Prague que l'ordre français de Prémontré s'installa en 1143 sans jamais en bouger – à l'exception d'un « déménagement » forcé à l'époque communiste. Lors de la visite, ne manquez pas les fresques et les stucs qui ornent sa bibliothèque, visibles depuis l'extérieur (on ne peut pas y pénétrer) des salles théologique (1671) et philosophique (1783), ainsi nommées en hommage au siècle des Lumières. Le cabinet de curiosités installé dans le couloir qui les longe ravira les amateurs de collections naturalistes. Enfin, ne repartez pas sans une pause à la brasserie pour déguster la Saint-Norbert, la bière du monastère, brassée sur place depuis le Moyen Âge ! Notez que la cour abrite aussi une pinacothèque, dont l'entrée *(payante)* permet de traverser le cloître, partie la plus ancienne du monastère.

La salle théologique

La bibliothèque abbatiale dite « salle théologique » (1671) compte 16 000 volumes, essentiellement des bibles. Les 17 fresques de couleurs vives, réalisées entre 1723 et 1727 par le moine Nosecký, illustrent la sagesse procédant de l'étude rationnelle de Dieu.

La salle philosophique

La salle philosophique (1783) abrite 50 000 volumes de philosophie, d'histoire et de philologie. Les rayonnages baroques proviennent du monastère des prémontrés de Louka. La fresque baroque au plafond est la dernière œuvre du peintre viennois Maulbertsch. Allégorie du développement de l'humanité par la sagesse, on y reconnaît Moïse et les Tables de la Loi ainsi que saint Paul prêchant.

La collection du monastère

En 1950, la bibliothèque abritait 130 000 volumes, dont 2 000 incunables et 3 000 manuscrits. Aujourd'hui, alors que sont venus s'y ajouter les fonds du musée

La bibliothèque du monastère de Strahov, vue depuis la salle théologique

de la Littérature, la collection rassemble 980 000 ouvrages. Le plus ancien manuscrit est l'*Évangile de Strahov*, enluminé aux IXe et Xe s. Il est présenté dans la galerie qui relie les salles théologique et philosophique. Autre trésor, un Nouveau Testament de 1476, l'une des premières œuvres imprimées en tchèque.

Strahovské nádvoří 1 • ☎ 233 107 704 • www.strahovskyklaster.cz
Bibliothèque et salles : ☎ 233 107 710 • T.l.j. 9h-12h et 13h-17h • Entrée : 120 Kč.
Pinacothèque : t.l.j. 9h30-11h30 et 12h30-17h• Entrée : 120 Kč.
Cour du monastère : Accès libre.

❷ PANORAMA LEGEND★★

Un passage à côté du monastère de Strahov mène à une petite place, en contrebas d'un restaurant, qui ménage une vue plongeante sur la Vieille Ville et la cathédrale Notre-Dame-de-Týn. Au pied des vignes, on peut observer des peintres capturant le paysage sur leurs toiles et proposant leur travail aux promeneurs.

Au bout d'une ruelle, à gauche du monastère de Strahov.

❸ ČERNÍNSKÝ PALÁC★★

Palais Černín

Après s'être adressé au Bernin, le comte Černín mandata Francesco Caratti pour réaliser ces 150 m de façade taillée en pointes de diamant et achevée près de trois siècles après sa mise en chantier (1669-1936). C'est de l'une des fenêtres de ce qui est encore le ministère des Affaires étrangères que Jan Masaryk, fils de Tomáš, premier président tchécoslovaque, se « suicida » (ou bien fut assassiné) le 10 mars 1948, quelques jours après la formation d'un gouvernement communiste.

Loretánské náměstí 5 • F. au public sf lors des Journées du patrimoine (*Dny evropského dědictví*, seulement 3 jours pendant la 1re quinzaine de sept.).

❹ LORETA★★

Église Notre-Dame-de-Lorette

Édifié au XVIIe s. pour abriter une réplique de la Santa Casa (la maison de Nazareth où se serait déroulée l'Annonciation, transportée au XIIe s. par des anges à Loreto, en Italie), ce somptueux sanctuaire baroque fut ciselé par Kryštof et Kilián Dientzenhofer (1720-1723).

Pause champêtre : Kavárna Nový Svět

À l'écart, cette adresse est un havre de paix où l'on resterait des heures autour d'un bon expresso (45 Kč), de petits plats (70-110 Kč), d'une soupe (55 Kč) ou d'un délicieux dessert (40-75 Kč). Tout est mignon ici, comme cette fenêtre donnant sur le jardin aux sculptures de feu l'artiste Josef Nálepa. Sa fille, Hana Formanová, vous montrera peut-être son atelier.

● 39 Nový svět 2 • ☎ 242 430 700 • www.novysvet.net • Mar.-sam. 11h-19h, dim. 10h-18h.

La décoration de l'église de la Nativité est aussi élégante qu'harmonieuse. Au premier étage, la salle du trésor conserve le « soleil de Prague » (1699), un ostensoir composé de 6 222 diamants, légué par la comtesse Ludmila de Kolowrat.

Loretánské náměstí 7 • ☎ 220 516 740 • www.loreta.cz • Avr.-oct. t.l.j. 9h-17h ; nov.-mars t.l.j. 9h30-16h • Entrée : 150 Kč.

❺ NOVÝ SVĚT★★

Tout n'est que calme et volupté dans ce quartier aux faux airs de village, qui hébergeait au XVIIe s. le personnel du château. Aujourd'hui, les Pragois restaurent peu à peu ces maisonnettes au crépi délavé. Et, paradoxalement, le charme tout provincial de Nový Svět, ruelle silencieuse et pavée, se monnaie désormais à prix d'or.

❻ HRADČANSKÉ NÁMĚSTÍ★★

Place du Château

Sa situation stratégique juste en face de l'entrée du Château en a fait un des lieux les plus prestigieux de la ville. Résultat : tout le gotha tchèque y rivalisait de magnificence, comme en témoignent les palais qui portent encore leurs noms : les Lobkowicz, Schwarzenberg, Thun-Hohenstein, Martinic et Sternberg. La belle-fille d'Alfons Mucha vivait au n° 7

Rue Nový Svět

Hradčanské náměstí

dans une maison baroque alors entourée du mobilier de l'artiste. Et c'est ici que Miloš Forman tourna une partie du film *Amadeus*. Avant de partir, jetez un œil à la façade impressionnante du palais Toscan, qui appartient désormais au ministère des Affaires étrangères.

7 SALMOVSKÝ PALÁC★

Palais Salmovský

Le palais Salmovský (ou « Petit Schwarzenberg ») est un bâtiment néoclassique construit au début du XXe s. à l'emplacement même d'anciennes résidences aristocratiques. Propriété de la famille Schwarzenberg, il fait partie de la Galerie nationale depuis 2014 et en abrite les collections. Il accueille des expositions temporaires ainsi qu'une collection permanente (« Du classicisme au romantisme, l'art du XIXe s. »). Les palais Schwarzenberg (voir ci-après) et Salmovský sont reliés par une entrée en verre très moderne, signée de la main de l'architecte Josep Lluís Mateo.

Hradčanské náměstí 1 • ☎ 233 081 730 • www.ngprague.cz • Mar.-dim. 10h-18h, mer. 10h-20h • Entrée : 100 Kč • En 2020, seulement expos temporaires, se rens. sur le site Internet.

8 SCHWARZENBERSKÝ PALÁC★

Palais Schwarzenberg

Édifié de 1555 à 1576 dans le style florentin, ce vaste palais Renaissance abrite la collection de la Galerie nationale intitulée « Le baroque en Bohême ». Près de 160 sculptures et 280 peintures de la fin du XVIe s. à la fin du XVIIIe s. y sont exposées, dévoilant des œuvres de Michael Willmann, Lorenz Reiner, Johann Peter Molitor, etc. Les différentes écoles, notamment française et allemande, sont souvent confrontées grâce à des juxtapositions de portraits aux styles bien tranchés. De loin, la majestueuse façade du palais semble présenter un bossage en pointes de diamant ; en réalité, il s'agit d'un effet d'optique créé par de superbes sgraffites. Bien que transformé à la période baroque, le palais Schwarzenberg a conservé une grande partie de sa sublime décoration d'origine.

Hradčanské náměstí 2 • ☎ 233 081 730 • www.ngprague.cz • Mar.-dim. 10h-18h, mer. 10h-20h • Entrée : 220 Kč.

❾ ŠTERNBERSKÝ PALÁC★★

Palais Šternberg

Don du comte Šternberg à l'Amicale patriotique des arts en Bohême, qu'il fonda en 1796, ce palais baroque (1697-1707) présente une très belle collection d'œuvres européennes du XVe au milieu du XIXe s. (aujourd'hui collection de la Galerie nationale). Une première partie est consacrée à la Grèce et à la Rome antiques. Les artistes toscans, l'école vénitienne, le maniérisme florentin mais aussi les Hollandais du XIVe au XVIe s. illustrent l'évolution de la peinture sur cette période. Allez voir en priorité la magistrale *Fête du rosaire* de Dürer (1506), que Rodolphe II fit venir de Venise à dos d'hommes ! Le second étage, consacré à la période du XVIe au XVIIIe s., présente des œuvres de l'Europe entière, signées le Tintoret, le Greco ou Rubens. Enfin, une collection de petites sculptures allant jusqu'au XIXe s. est également présentée dans l'annexe. Un café très agréable se niche dans la cour du palais.

Hradčanské náměstí 15 • ☎ 233 090 558 • www.ngprague.cz • Mar.-dim. 10h-18h, mer. 10h-20h • Entrée : 220 Kč.

Schwarzenberský palác

8 La colline DE PETŘÍN

● Restos & bistrots p. 115 ● Bars, clubs & sorties p. 145 ● Boutiques p. 173

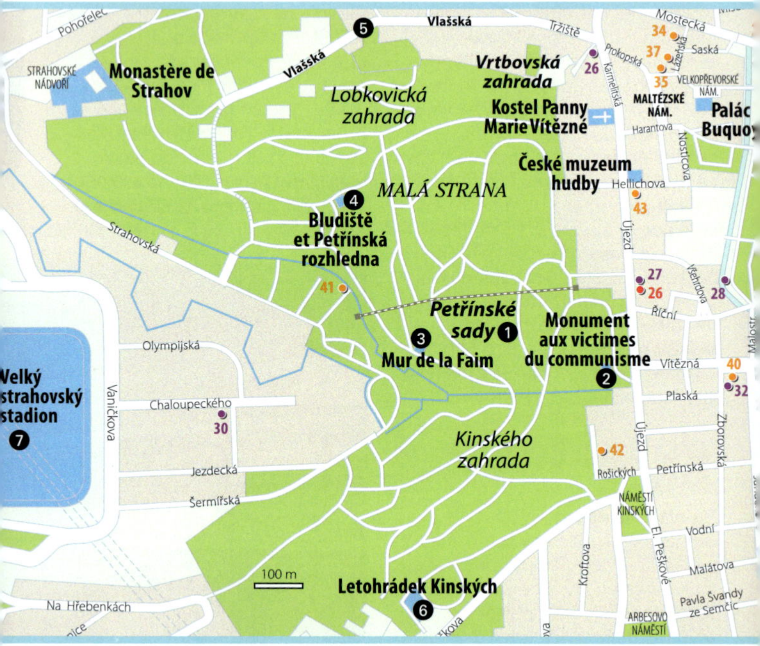

Envie de romantisme ? Échappez-vous en tête à tête dans ces jardins aménagés dès le XIIIe siècle. La coutume veut que l'on s'embrasse, en faisant un vœu, devant la statue du poète Mácha (en haut du funiculaire). Il est l'auteur de *Máj*, une ode célèbre et printanière à la passion. Si vous vous baladez en famille, les enfants se feront un plaisir de se perdre dans le mystérieux labyrinthe des miroirs, à proximité de la petite tour Eiffel de Prague.

❶ PETŘÍNSKÉ SADY★★★

Parc de Petřín
Le premier arrêt du funiculaire dessert l'**hôtel-restaurant Nebozízek** (p. 115). Second arrêt et terminus : au choix, vous pourrez rejoindre vers la droite la **tour Eiffel** et le **Labyrinthe des miroirs** (ci-dessous) ou, sur la gauche, aller contempler les étoiles en pénétrant dans l'observatoire Štefánik (Štefánikova hvězdárna). Dernière solution : en continuant sur la gauche, plonger sur l'autre versant de Petřín pour musarder jusqu'à la **villa Kinský** et son **musée** (p. 75).
Accès au flanc de la colline face à la rue Újezd ou en funiculaire (Újezd 17).
Funiculaire : nov.-mars t.l.j. 9h-21h15 et 22h-23h30 (toutes les 15 min) ; avr.-oct. t.l.j. 9h-23h30 (toutes les 10 min). Voir p. 194.
Parcs : t.l.j. 24h/24.

Petřínské sady

❷ MONUMENT AUX VICTIMES DU COMMUNISME★

Ce monument représente le même personnage à différentes phases de la déstructuration provoquée par l'idéologie communiste.
Au sol, on peut lire en tchèque les chiffres du triste bilan de cette époque révolue : entre 1948 et 1989, 205 486 jugés coupables, 248 exécutés, 4 500 morts en prison, 327 morts en tentant de franchir la frontière, 170 938 exilés à l'étranger.
En face de Újezd 14.

❸ MUR DE LA FAIM★

Les vestiges de plus de 1 km de fortifications crénelées courent dans la forêt, du monastère de Strahov jusqu'à Újezd.
Ces fortifications doivent leur nom à une décision qu'aurait prise l'empereur Charles IV : entreprendre des travaux titanesques pour donner du travail aux miséreux, victimes de la terrible famine de 1360. C'est ce que sont censées évoquer les « dents » des créneaux !

❹ BLUDIŠTĚ★ ET PETŘÍNSKÁ ROZHLEDNA

Labyrinthe des miroirs et tour de Petřín (tour Eiffel)
En famille, foncez jusqu'à ces deux attractions, qui datent chacune de l'Exposition universelle de 1891 à Paris. L'édifice pseudo-

gothique, qui fut le pavillon du Club de tourisme tchèque, abrite maintenant un **labyrinthe** de miroirs déformants et un diorama historique. À ses côtés, ne snobez pas la **mini-tour Eiffel** de Prague : avec ses 299 marches à gravir en deux temps, elle offre un panorama à 360° sur toute la ville et sur les forêts avoisinantes.

☎ 725 831 634 • www.muzeumprahy.cz • Avr.-sept. t.l.j. 10h-22h ; mars et oct. t.l.j. 10h-20h ; nov.-fév. t.l.j. 10h-18h. Labyrinthe : 90 Kč (7-15 ans : 70 Kč). Tour de Petřín : 150 Kč (7-15 ans : 80 Kč), billet combiné : 210 Kč (famille : 450 Kč).

❺ RUE VLAŠSKÁ★

La plus jolie façon de redescendre de Petřín est d'emprunter la « rue italienne », nommée ainsi d'après les immigrants qui s'y installèrent au début du XVIe s. pour reconstruire le Château. C'est en s'inspirant très fortement

Pause dans une *pivnice* : Pod Petřínem

En Angleterre, ce serait un pub local. Ici, c'est une *pivnice* traditionnelle, en sous-sol, tenue par un joueur de hockey sur glace - sa carrure impressionnante ne laissant aucun doute là-dessus. Derrière le *výčep*, un comptoir dont l'unique vocation est de servir des bières, les habitués ont leur propre boc accroché au mur. Une table, toujours libre, leur est réservée, mais ne vous inquiétez pas, les touristes sont aussi les bienvenus. Rendez-vous dans cet établissement pour boire et vous imprégner de l'ambiance locale plutôt que pour déjeuner.

● 43 Hellichova 5 • ☎ 257 224 408 • www.pivnicepodpetrinem.cz • T.l.j. 11h-0h30 • Bières : à partir de 27 Kč les 0,3 l ; petits plats : à partir de 89 Kč.

Bludiště, p. 73

des plans du Bernin pour le Louvre que l'Italien Giovanni Battista Alliprandi érigea, au début du XVIIIe s., le palais Lobkowicz (no 19), aujourd'hui occupé par l'ambassade d'Allemagne.

6 LETOHRÁDEK KINSKÝCH – NÁRODOPISNÉ MUZEUM★★

Villa Kinský – Musée ethnographique
Si vous n'avez pas le temps de vous perdre dans la campagne morave pour voir les habitants porter fièrement leurs costumes, poussez la porte du captivant Musée ethnographique installé dans cette classique villa Empire. Un parcours vous y fera découvrir la culture tchéco-morave du XVIIIe et du XIXe s. au milieu de costumes, d'objets liés aux travaux des champs, à l'artisanat, ainsi qu'au moyen de documents et d'instruments de musique.

Kinského zahrada 98 • ☎ 257 214 806 • www.nm.cz • Mar.-dim. 10h-18h • Entrée : 70 Kč.

7 VELKÝ STRAHOVSKÝ STADION★

Stade de Strahov
Vestige de la Tchécoslovaquie, le délabrement avancé de ce stade le condamne à disparaître un jour. Raison de plus pour s'aventurer jusque-là et ressentir son gigantisme. Avec un terre-plein grand comme neuf terrains de foot et une capacité de 220 000 places, il reste le 2e plus grand stade au monde. Depuis sa construction en 1926, son enceinte a accueilli des Spartakiades (des énormes rassemblements sportifs) sous le régime communiste et des concerts (les Rolling Stones) au cours des années 1990. Aujourd'hui, c'est encore le centre d'entraînement du Sparta de Prague.

Vaníčkova • Enceinte fermée au public, réservée aux sportifs ; le stade est visible de l'extérieur et depuis la tour de Petřín (tour Eiffel, ci-contre).

9 Nové Město, LA NOUVELLE VILLE

● Restos & bistrots p. 116 ● Bars, clubs & sorties p. 146 ● Boutiques p. 174

Ce quartier vivant et commerçant fut fondé en 1348 par Charles IV, car la Vieille Ville était devenue trop exiguë. Aujourd'hui, magasins et cafés bordent le « triangle d'or » entre Národní, Na Příkopě et la place Venceslas.

❶ PLACE VENCESLAS★★

Václavské náměstí

L'équivalent pragois des Champs-Élysées est situé à l'emplacement de l'ancien marché médiéval aux chevaux. C'est sur cet immense boulevard, partiellement piéton, que la Première République fut proclamée en 1918, que l'on osa défier l'occupant nazi en 1938, et qu'en novembre 1989 d'immenses manifestations spontanées déclenchèrent celle qui devint la révolution de Velours (voir p. 42-43).

❷ PASÁŽ LUCERNA★★

Passage Lucerna
Le grand-père de Václav Havel dessina, entre 1907 et 1921, le « palais Lucerna » abritant sur 21 000 m² cafés, restaurants, boutiques, mais aussi une boîte de nuit et un très beau cinéma (films en anglais). Son bar (p. 147), figé dans le temps, est un incontournable, comme la salle de bal où vous pourrez danser lors des « bals du bac ». L'imposante statue de l'artiste David Černý représente saint Venceslas sur son cheval mort à l'envers... à 300 m environ de l'originale, dans le bon sens, posée sur la place Venceslas.
Entrée Štěpánská 61 ou Vodičkova 36.

Pasáž Lucerna

❸ STATUE DE SAINT VENCESLAS★

Sous la statue équestre du saint patron de la ville, la plaque à l'inscription « Aux victimes du communisme » fait office de mémorial pour Jan Palach, l'étudiant qui s'immola ici par le feu le 16 janvier 1969 pour protester contre l'invasion soviétique d'août 1968 (p. 43).

❹ NÁRODNÍ MUZEUM★

Musée national
Ce musée au style art pompier traduit, dans son architecture, la renaissance nationale en même temps que la quête d'identité du peuple tchèque à la fin du XIXe s. Le bâtiment, qui a fêté les 200 ans de sa fondation en 2018, a rouvert après de longs travaux de rénovation. L'occasion de visiter ses collections consacrées à la préhistoire et à la protohistoire de Bohême, de Moravie et de Slovaquie. Le bâtiment voisin, le **Nová budova Národního muzea,** propose quant à lui des expos temporaires.
Václavské náměstí 68 • ☎ 770 195 307 • www.nm.cz • t.l.j 10h-18h • Entrée : 260 Kč
Autre bâtiment pour les expos temporaires : Vinohradská 1 • ☎ 224 497 430 • t.l.j 10h-18h • Entrée : 100 Kč (variable selon les expos).

❺ STÁTNÍ OPERA PRAHA★★

Opéra d'État

C'est parce qu'elle était jalouse de la magnificence du Théâtre national rival (Národní divadlo), construit pour n'accueillir que le répertoire tchèque, que la bourgeoisie allemande de Prague fit édifier, à la fin du XIXe s., ce bâtiment longtemps appelé « Théâtre allemand ».
La voie rapide qui le longe défigure la façade néoclassique de cette réplique exacte de l'Opéra de Vienne.

Wilsonova 4 • ☎ 224 901 448 (billetterie) • www.narodni-divadlo.cz/statni-opera • F. pour travaux, réouverture prévue le 5 janv. 2020, se rens. • Voir aussi p. 146.

❻ MUCHOVO MUZEUM★

Musée Mucha

Ce petit musée est consacré au célèbre représentant tchèque de l'Art nouveau, auteur de très belles affiches pour Sarah Bernhardt. L'exposition, centrée surtout sur sa période parisienne, comprend près d'une centaine d'œuvres : huiles, dessins, pastels, affiches, panneaux décoratifs et photographies.

Panská 7 • ☎ 224 216 415 • www.mucha.cz • T.l.j. 10h-18h • Entrée : 260 Kč.

❼ ČESKÁ POŠTA★

La poste centrale

Quitte à envoyer des cartes postales de votre week-end, autant pousser jusqu'à la poste centrale. Vous aurez la surprise de découvrir un bâtiment sublime au charme désuet : immense verrière au plafond qui nimbe la salle d'une lumière douce, et jolies fresques sur les murs. Attention, photos interdites à l'intérieur !

Jindřišská 909/14 • ☎ 954 211 000 • T.l.j. 2h-minuit.

❽ PALÁC KORUNA★

Palais Koruna

Cet immeuble Art nouveau édifié en 1912 est coiffé d'une très belle coupole *(koruna)* octogonale,

Pause gourmande : Ovocný Světozor

L'adresse ne paie pas vraiment de mine malgré ses couleurs vitaminées aux airs rétro. Pourtant, cette chaîne de pâtisseries est une institution à Prague depuis les années 1970. On y déguste sur place ou à emporter une glace-sorbet (25 Kč la boule), des gâteaux dont des *ovocné dorty* aux fruits (env. 55 Kč), ou encore des *chlebíčky*, des canapés (de 32 à 37 Kč). Idéal avant de se faire une séance au cinéma Lucerna, situé juste en face.

● 54 Pasáž Světozor, Vodičkova 39 • ☎ 774 444 874 • www.ovocnysvetozor.cz • Lun.-ven. 8h-20h30, sam. 9h-20h30, dim. 10h-20h30.

Palais Adria

typique de ce style géométrique et coloré. Soigneusement restauré, l'ensemble conserve de beaux reliefs, vitres et vitraux rehaussés d'or. C'est aujourd'hui une galerie commerciale moderne.

Václavské náměstí 1 • ☎ 224 219 526 ou 224 474 003 • www.koruna-palace.cz • Lun.-sam. 9h-22h, dim. 9h-21h (restos ouv. jusqu'à 23h30) ; se rens. sur Internet pour les horaires de chaque magasin.

9 NÁRODNÍ ET NA PŘÍKOPĚ★

Avenue Nationale et avenue Sur-le-Fossé

Tracées à l'emplacement des fossés qui séparaient Vieille Ville et Nouvelle Ville jusqu'au milieu du XVIIIe s., ces avenues devinrent au début du XXe s. les promenades dominicales respectives et concurrentes des bourgeoisies tchèque et allemande. Sur ces axes dédiés à la flânerie et aux emplettes, ne manquez pas, au n° 40 de Národní, la surprenante architecture « rondocubiste » du **palais Adria** (1922-1925). C'est ici qu'eurent lieu, en 1989, les premières réunions du Forum civique de Václav Havel demandant des élections libres.

10 KUBISTICKÁ LAMPA★

Le Réverbère cubiste

Situé à l'écart de l'agitation, c'est l'unique mobilier urbain et cubiste au monde. Moitié lampadaire, moitié petit banc, cette colonne édifiée en 1913 se dresse à l'arrière de l'immense boutique Baťa (p. 174). Une petite curiosité qui mérite le détour !

Jungmannovo náměstí.

11 FRANTIŠKÁNSKÁ ZAHRADA★★

Jardin franciscain

Un havre de verdure et de tranquillité à côté de l'église gothique Panny Marie Sněžné

Pause culte : Kavárna Slavia

Construit en 1884 face au Théâtre national, le Café Slavia a tout de suite été adopté par les amoureux de la culture. Sa décoration évolue vers le style Art déco des années 1920 et, depuis, n'a pas changé - comme les costumes des serveurs, semble-t-il. À l'époque communiste, intelligentsia et dissidents y avaient leurs habitudes. Avec sa vue sur le Château, ce café-restaurant, où l'on sert toujours de l'absinthe (95 Kč les 4 cl), offre un vrai voyage dans le temps.

● 55 Smetanovo nábřeží 2 • ☎ 224 218 493 • www.cafeslavia.cz • Lun.-ven. 8h-minuit, sam.-dim. 9h-minuit • Petit déjeuner : 365-435 Kč; plats du jour : 119-139 Kč; plats : 185-499 Kč; cocktails : 125 Kč.

(Notre-Dame-des-Neiges). De vieilles dames y papotent en mangeant des glaces, tandis que les employés du quartier cassent la croûte sur les bancs de ce jardin conventuel ouvert aux profanes depuis 1950. Jetez aussi un œil à la boutique **Bohemania** (p. 174) située dans une ancienne chapelle.

Jungmannovo náměstí 18 • 15 avr.-14 sept. t.l.j. 7h-22h; 15 sept.-14 oct. t.l.j. 7h-20h; 15 oct.-14 avr. t.l.j. 8h-19h.

⓬ MAISONS PRAHA ET TOPIČ★

Signées Osvald Polívka, elles incarnent deux variations sur un même thème, celui de l'Art nouveau. Comparez le premier bâtiment dont les superbes mosaïques sont inspirées par la Sécession viennoise et le second, plus ostentatoire, influencé par le Jugendstil allemand. Construite pour les assurances Praha, la maison du même nom fut fréquentée quelques années par un modeste employé nommé... Franz Kafka (voir encadré p. 57).

Národní 7 et 9.

⓭ SLOVANSKÝ OSTROV★★

Cette île de 350 m de long, appelée « slave », promet une jolie échappée... sur l'eau. D'ici, vous pourrez louer une petite embarcation à pédales (www.slavanka.net, 200 Kč l'heure), classique ou en forme de cygne. Au bout de l'île, un terrain conçu exprès pour les enfants distraira sûrement les vôtres.

⓮ NOVOMĚSTSKÁ RADNICE★

Nouvel hôtel de ville

C'est ici qu'eut lieu, en 1419, la première défenestration de Prague. Au cours de la plus sauvage des révoltes hussites, les échevins furent alors jetés par la fenêtre et achevés à coups d'épieux. La magnifique salle gothique abrite aujourd'hui de prestigieuses expositions et de sublimes concerts, et devient une salle de réception pour quelques mariages huppés, triés sur le volet.

Karlovo náměstí 23 • ☎ 224 948 229 ou 224 947 190 • www.nrpraha.cz
Tour : mar.-dim. 10h-12h et 13h-18h • F. en hiver • Entrée : 60 Kč.
Galerie : mar.-dim. 10h-12h et 13h-18h • Tarifs selon le programme, env. 50 Kč.

⓯ LEICA GALLERY★

Voilà un endroit incontournable pour les amateurs de photographie. Si la Leica Gallery présente les travaux de photographes mondialement connus, elle met l'accent avant tout sur les jeunes talents tchèques et slovaques. Le café du lieu est également très agréable et permet de faire une pause après la visite de l'expo. On y trouve un large choix de livres d'art.

Školská 28 • ☎ 222 211 567 • www.lgp.cz • Lun.-ven. 10h-20h, sam.-dim. 13h-19h • Entrée : tarif selon le programme.

Slovanský ostrov

10 Karlovo náměstí ET LA MAISON QUI DANSE

• Restos & bistrots p. 120 • Boutiques p. 180

Centre économique de la capitale tchèque, jadis marché au bétail, cette autre partie de Nové Město offre un visage limpide avec ses riverains qui y promènent leurs chiens et ses trams lancés à grande vitesse. Mais derrière ce masque serein se cache le quartier où Faust s'adonna à la magie noire avant de vendre son âme au diable...

1 LA MAISON QUI DANSE★★

Tančící dům

On la surnomme Ginger (Rogers) & Fred (Astaire). Inspirées par un de leur pas de danse, les deux tours cylindriques toutes de verre et de béton qui forment ce bâtiment étonnant symbolisent l'ancien et le nouveau monde. Achevée en 1996 et dessinée conjointement

La Maison qui danse

par le Canadien Franck Gehry et le Tchèque d'origine croate Vlado Milunic, la Maison qui danse abrite aujourd'hui un hôtel, des bureaux, un café et un restaurant. Le meilleur plan pour en profiter ? Monter au **Glass Bar** (☎ 703 651 330, www.glassbar.cz, t.l.j. 9h-23h, café : 65 Kč ; bière : 85 Kč ; cocktails : 120-210 Kč), le café situé dans la bulle posée sur le toit de la tour « Fred ». Une simple consommation suffit pour savourer la vue plongeante sur la Vltava !
Jiráskovo náměstí 6 • F. au public ; accès uniquement au restaurant/bar.

❷ KOSTEL SV. CYRILA A METODĚJE★

Église Saints-Cyrille-et-Méthode

Ce monument baroque, cédé en 1935 à l'Église orthodoxe, porte le nom des deux prêtres grecs qui évangélisèrent les Slaves au IXe s. En juin 1942, des parachutistes tchécoslovaques s'y cachèrent après avoir assassiné Reinhard Heydrich, représentant nazi en Bohême-Moravie. La crypte où ils périrent assiégés se visite.
Resslova 9 • ☎ 224 916 100 • www.vhu.cz • Accès libre.
Crypte : mar.-dim. 9h-17h.
Église : horaires sur www.katedrala.info

❸ VÝSTAVNÍ SÍŇ MÁNES★

Galerie Mánes

Installée dans un très beau bâtiment fonctionnaliste de 300 m² avec verrière, la galerie abrite des expositions temporaires régulièrement renouvelées. Édifiée en 1930 par l'architecte Otakar Novotný, elle repose sur des piliers de béton et surplombe un bras de la Vltava, entre les quais Masaryk et l'île Slave. On y trouve également un bar, un café et un restaurant.
Masarykovo nábřeží 250/1 • ☎ 224 932 938 • www.ncvu.eu • www.galeriemanes.com • Horaires et tarifs selon les expos.

❹ FAUSTŮV DŮM★

Maison Faust

Le mystère plane sur cette maison baroque où le diable aurait enlevé le docteur Faust. Elle abrita ensuite l'alchimiste anglais Edward Kelley, grand ami des mages et des nécromanciens, jeté en prison par Rodolphe II (1552-1612) parce qu'il tardait à livrer le secret de la pierre philosophale. « Alchimie » oblige, une pharmacie a élu domicile au rez-de-chaussée.
Karlovo náměstí 40-41.

❺ BOTANICKÁ ZAHRADA (UNIVERZITY KARLOVY)★

Jardin botanique de l'université Charles

Aménagé à la fin du XIXe s., ce jardin est un lieu paisible où se détendre, à deux pas de la place Karlovo (tram 14, 18 ou 24). Ses allées bordées de parterres et d'arbustes colorés, dont les noms sont bien indiqués, serpentent délicieusement autour de belles serres.

Na Slupi 16 • ☎ 221 95 18 85 • www.bz-uk.cz

Jardin : avr.-août t.l.j. 10h-19h30 ; sept.-mars t.l.j. 10h-18h • Accès libre. **Serres :** fév.-mars t.l.j. 10h-15h30 ; avr.-sept. t.l.j. 10h-16h30 ; oct.-janv. t.l.j. 10h-15h • Entrée : 60 Kč.

❻ MUZEUM ANTONÍNA DVOŘÁKA★★

Musée Antonín Dvořák

Venez admirer le piano, le bureau et l'alto de Dvořák, mais aussi des reliques plus inattendues comme un mouchoir, des manchettes, un chapeau ou

Pause *pivo* : U Kalicha

Au programme : bière au litre et flonflons assourdissants, dans une ambiance qui n'a rien à envier à celle de l'*Oktober Fest* munichoise. La décoration de cette *hospoda* est dédiée au brave soldat Švejk, héros du roman de Jaroslav Hašek (voir encadré ci-contre), qui y donna rendez-vous à un ami « à six heures après la guerre ». Les propriétaires ne sont pas peu fiers de la photo historique de Jacques Chirac buvant une Pilsner Urquell (58 Kč les 0,28 l et 64 Kč les 0,47 l) avec Václav Havel. On y va plus pour l'ambiance que pour manger.

● 60 Na Bojišti 12-14 • ☎ 224 912 557 • www.ukalicha.cz • T.l.j. 11h-23h • Plats : de 245 à 560 Kč.

un étui à médicaments !
Ce pavillon baroque était, au XVIIIe s., la résidence secondaire d'une riche famille de Bohême. Son surnom, la « Villa Amerika », lui vient d'un café du quartier et convient à merveille à l'auteur de la *Symphonie du Nouveau Monde*, composée aux États-Unis où Dvořák dirigea pendant trois ans le Conservatoire national de New York.

Ke Karlovu 20 • ☎ 774 845 823 • www.nm.cz • Mar.-dim. 10h-17h • Entrée : 50 Kč.

❼ EMAUZSKÝ KLÁŠTER★★

Cloître d'Emmaüs

Ce monastère bénédictin surprend d'abord par sa structure : son clocher composé de deux flèches croisées date des années 1960, contrairement au reste du bâtiment, fondé en 1347 par Charles IV. Le clocher d'origine fut en effet détruit lors des bombardements de 1945. Les cloîtres ont eux conservé les peintures murales gothiques d'origine et l'église de la Vierge Marie est décorée dans un style Beuron.

Vyšehradská 49 • ☎ 221 979 228 • www.emauzy.cz • Mai-oct. lun.-sam. 11h-17h ; nov.-avr. lun.-ven. 11h-16h • Entrée : 60 Kč.

Jaroslav Hašek

Né en 1883 comme Kafka, il est l'auteur du *Brave Soldat Švejk*, gloire de la littérature tchèque. Écrivain, journaliste, soldat dans l'Armée rouge, Jaroslav Hašek fut aussi un humoriste bon vivant. Il fréquentait cabarets et tavernes et ne fut pas admis dans les cercles d'intellectuels pragois. Malgré tout, l'épopée du soldat naïf et roublard devint rapidement populaire. La mort de l'écrivain, en 1923, contraignit un ami à terminer le dernier volume de ses aventures.

11 Vyšehrad, L'« AUTRE » CHÂTEAU

● Restos & bistrots p. 121 ● Boutiques p. 182

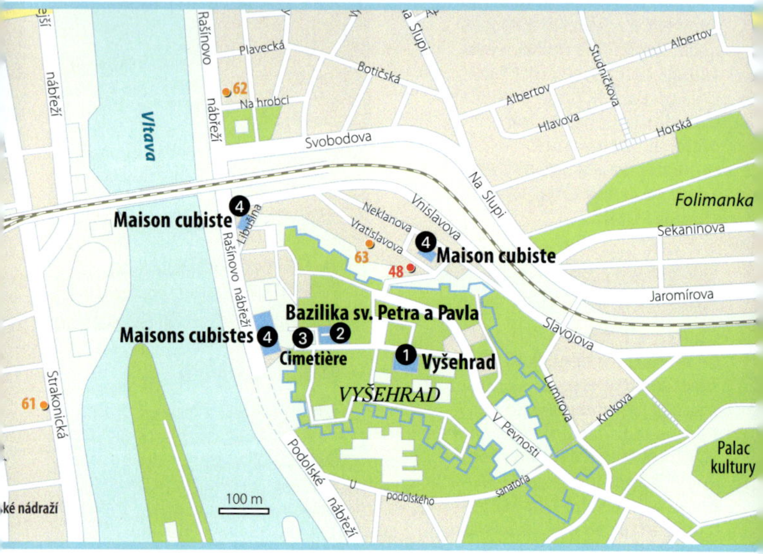

Surplombant de son rocher la Vltava, le « château des hauteurs » tient une place particulière dans le cœur des Pragois. C'est le lieu mythique de la fondation de la ville. S'il n'en reste que des ruines, il serait dommage de passer à côté de sa vue grandiose sur Prague et de ses maisons cubistes.

❶ VYŠEHRAD★★

Château de Vyšehrad

Fondé au XIe s. par Vratislav II, premier roi de Bohême, il fut supplanté par le château de Prague, plus facile à défendre, puis abandonné après les guerres hussites, et enfin transformé en une puissante forteresse au XVIIe s. Une fois les portes Tábor (1655) et Léopold-Ier (1678) franchies, apparaît la rotonde Saint-Martin, seul vestige de la place forte médiévale.

Entrée par V Pevnosti 5 • ☎ 241 410 348 • www.praha-vysehrad.cz • Avr.-oct. t.l.j. 9h30-18h ; nov.-mars t.l.j. 9h30-17h.
Casemates + Cihelná brána (« porte en brique ») : 60 Kč.
Résidence du Burgrave : tarif variable.
Galerie d'exposition : tarif variable selon les expos • F. janv.-fév.

❷ BAZILIKA SV. PETRA A PAVLA★★

Église Saints-Pierre-et-Paul
Cette bâtisse, lourdement « néogothiquisée » par Josef Mocker en 1885, s'élève sur les fondations de la basilique romane édifiée par Vratislav II. Dans le jardin attenant, quatre statues monumentales de Josef Myslbek représentent les figures légendaires de la mythologie tchèque.
Mêmes coordonnées que le château • Avr.-oct. lun.-sam. 10h-18h (17h30 jeu.), dim. 10h30-18h ; nov.-mars lun.-sam. 10h-17h, dim. 10h30-17h • Entrée : 50 Kč.

❸ CIMETIÈRE★★

À la façon d'un « Père-Lachaise » concentré, la patrie tchèque a dédié ce petit cimetière à ses grands hommes. Reposent ici dans des tombes au style baroque surprenant l'écrivain et poète Jan Neruda, les compositeurs Bedřich Smetana et Antonín Dvořák ou le peintre Alfons Mucha.
Mêmes coordonnées que le château • www.hrbitovy.cz • Mai-sept. t.l.j. 8h-19h ; mars-avr. et oct. t.l.j. 8h-18h ; nov.-fév. t.l.j. 8h-17h.

❹ MAISONS CUBISTES★★★

Toutes construites entre 1911 et 1913, elles témoignent d'une particularité pragoise : le cubisme architectural (p. 41). Commencez votre parcours au nº 30 de la rue Neklanova par le magistral immeuble de Josef Chochol, dont vous remarquerez les poignées de porte. Puis vous passerez au nº 2 devant une façade d'Antonín Belada. Poursuivez et terminez par deux autres œuvres de Chochol : le nº 3 de la rue Libušina, avec son côté jardin aux parterres triangulaires, et l'élégante « maison pour trois familles » (Rašínovo nábřeží 6, 8 et 10).

Pause typique : U Kroka

Service sympathique pour ce café-restaurant à l'ambiance « brasserie moderne ». La petite terrasse est parfaite pour une pause après avoir grimpé jusqu'au château. Au menu, des plats tchèques comme le Svíčková (225 Kč) ou le Guláš (219 Kč) si généreuse qu'elle pourrait ravir deux estomacs. Les enfants ont eux aussi leur menu (99 Kč).
● 63 Vratislavova 12 • ☎ 775 905 022 • www.ukroka.cz • T.l.j. 11h-23h.

12 Karlín et Žižkov, À L'EST DE PRAGUE

● Restos & bistrots p. 122 ● Bars, clubs & sorties p. 152 ● Boutiques p. 182

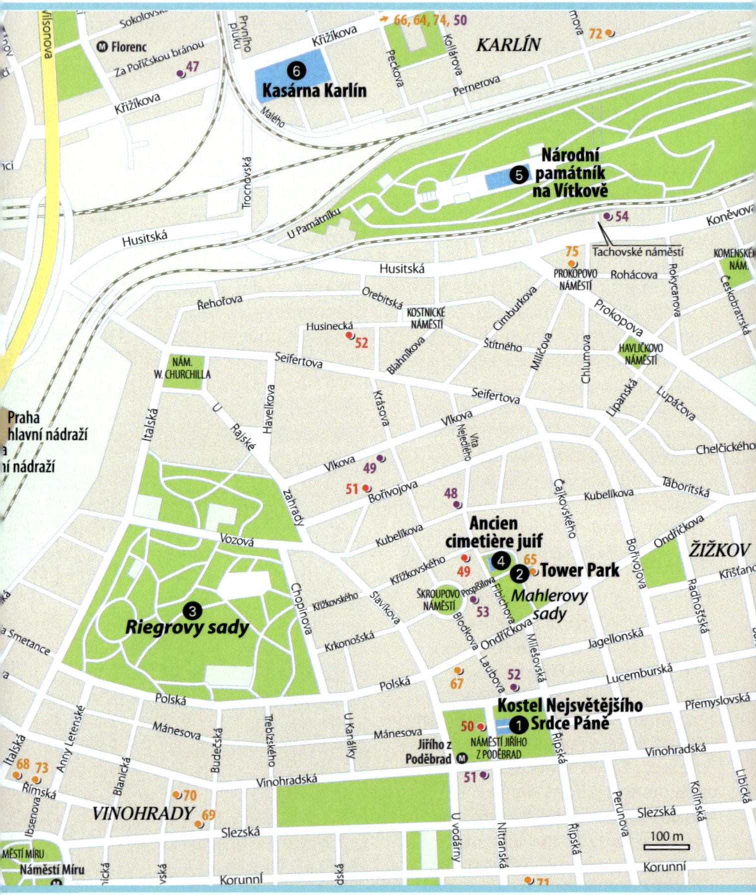

Quartiers résidentiels situés à l'est de la ville, Karlín et Žižkov séduisent aujourd'hui une population bourgeoise logeant dans des immeubles Art nouveau. Depuis quelques années, Karlín voit fleurir de nombreuses adresses branchées, notamment autour de la rue Křižíkova. Ancien quartier ouvrier au XIXe siècle, Žižkov, quant à lui, accueille une vie nocturne foisonnante, avec de très bons pubs et la salle de spectacle Palác Akropolis (p. 152). Enfin, les nombreux parcs et jardins offrent une pause au grand air, à commencer par la colline de Vítkov et les jardins Rieger.

❶ KOSTEL NEJSVĚTĚJŠÍHO SRDCE PÁNĚ★★

Église du Sacré-Cœur
Voilà une église dont l'architecture ne devrait pas vous laisser indifférent ! Imaginée par l'architecte slovène Jože Plečnik sur le modèle des temples de l'Égypte ancienne, l'église du Sacré-Cœur fut construite en 1932. L'intérieur est revêtu de bois et son clocher massif, surmonté d'une croix en cuivre, est visible depuis le Château de Prague. Vous trouverez l'église ouverte lors des offices.
Náměstí Jiřího z Poděbrad • ☎ 222 727 713 • http://srdcepane.cz • Portes extérieures ouvertes t.l.j. 9h-17h (église visible mais non accessible) • Ouv. int. et accès de 45 min av. l'office et jusqu'à 30 min apr. • Offices : lun.-sam. à 8h et à 18h, dim. à 9h, 11h et 18h • Accès libre.

❷ TOWER PARK★★★

Tour de télévision de Prague
Érigée entre 1985 et 1992, l'ex-tour de télévision ne fait pas l'unanimité

Tower Park

Vue depuis la Tower Park

au sein des Pragois, qui soit aiment, soit détestent cet édifice futuriste de 216 m de haut. Les drôles de bébés qui l'escaladent sont quant à eux la création de l'artiste David Černý. Ils furent installés en 2000 alors que Prague était capitale européenne de la culture. La vue depuis l'observatoire est saisissante !
Mahlerovy sady 1 • ☎ 210 320 081 • www.towerpark.cz • T.l.j. 9h-minuit • Entrée : 250 Kč.

❸ RIEGROVY SADY★

Parc Rieger

Perché en haut d'une colline, ce parc est réputé pour ses pelouses verdoyantes et son café en plein air, le **Riegrovy,** où l'on vient siroter une bière et grignoter. La partie ouest offre une vue imprenable sur le Château et les toits rouges de Prague. Avant ou après votre balade, ne manquez pas de passer dans les rues alentour (Chopinova, Polská et Krkonošská) pour admirer les **maisons Sécession,** nombreuses dans le quartier.
Ouv. 24h/24.

❹ ANCIEN CIMETIÈRE JUIF★★

Židovský hřbitov na Žižkově

Construit en 1680, le vieux cimetière de Žižkov est l'un des plus anciens de la ville. Même si sa taille a été réduite au cours des siècles, il compte encore des milliers de tombes, dont les styles baroque, Empire ou romantique nous font remonter le temps. La plus visitée est sans aucun doute celle du chef rabbin de Prague Ezechiel Landau (1713-1793). La visite peut se poursuivre au nouveau cimetière juif (Izraelská 712/1), situé à la station de métro Želivského, où se dresse la tombe de Franz Kafka.
Fibichova 2 • ☎ 224 800 813 • www.synagogue.cz • Dim.-jeu. 9h-17h (16h nov.-mars), ven. 9h-14h • Tarif : 2 forfaits (350 ou 500 Kč).

Pause industrielle : Guston

Briques rouges, mobilier dépareillé, lampes d'atelier chinées... il règne ici une ambiance de loft industriel ! Guston est le bistrot parfait où déjeuner après la visite du Mémorial national. Au menu : des burgers - dont un très réussi au canard rôti et confit d'oignons (195 Kč) - mais aussi des soupes (59 Kč), des salades (185 Kč) et des burgers (195-205 Kč).

75 Prokopovo náměstí 3 • ☎ 774 744 407 • www.guston.cz • T.l.j. 11h-23h.

5 NÁRODNÍ PAMÁTNÍK NA VÍTKOVĚ★★★

Mémorial national de Vítkov

Installé en haut de la colline de Vítkov et symbolisé par une statue équestre géante, le Mémorial national impressionne. Son imposante architecture fonctionnaliste cache un tout autre décor intérieur fait de marbres, dorures, vitraux modernistes et mosaïques Art Déco. Le rez-de-chaussée abrite un musée intéressant consacré à l'histoire tchécoslovaque du XXe s. Le must ? Grimper jusqu'au toit-terrasse pour profiter d'une vue panoramique époustouflante sur tout Prague et terminer la visite attablé au café Vítkov attenant ! (Été mer.-dim. 10h-18h, hiver jeu.-dim. 10h-18h.)

U Památníku 1900 • ☎ 224 497 600 • www.nm.cz • Avr.-oct. mer.-dim. 10h-18h ; nov.-mars jeu.-dim. 10h-18h (16h pour l'accès au toit) • Entrée pour l'exposition et le toit : 120 Kč.

Židovský hřbitov na Žižkově

6 KASÁRNA KARLÍN★★

Caserne Karlín

Transformée en centre social et culturel en 2017, cette caserne militaire abandonnée vit une seconde jeunesse. Le garage est devenu une salle de concerts, la piscine une galerie d'art, les vestiaires un café cosy et l'immense cour un vaste terrain de jeux prisé des familles comme des étudiants. Au programme : mur d'escalade et bac à sable géant pour les enfants et ciné en plein air tout l'été. Le soir, ne ratez pas l'ouverture du **Prastánek**, une buvette étonnante en forme d'arbre, cachée tout au fond de la cour (t.l.j. 16h-minuit, f. en cas de pluie ; 32 Kč la bière).

Prvního Pluku 20/2 • www.kasarna karlin.cz • Lun.-ven. 13h-23h30, sam.-dim. 10h-23h30.

Échappées vertes urbaines

Émaillé de zones vertes, le plan de Prague serait presque une bouffée d'oxygène à lui seul ! Le regarder est une invitation à musarder et à pique-niquer dans l'un de ses nombreux parcs et jardins. À moins de préférer trinquer au milieu des vignes ou d'aller saluer les chevaux de Przewalski ou l'éléphanteau du zoo. Autant de parenthèses vertes urbaines, douces et agréables.

PARCS ET JARDINS

La nature s'invite à Prague, et ses habitants lui tendent les bras. Quand ils ne se baladent pas dans les bois, ils investissent les parcs et les jardins. L'été, ils fréquentent les *beer gardens* comme celui de **Letenské sady** (p. 97). Quant à celui de **Riegrovy sady** (p. 90), il peut accueillir près de 1000 personnes ! Ce parc vaut surtout pour sa vue qui s'étend au-delà du Château.

Letenské sady

LE ZOO DE PRAGUE

Embarquez pour une traversée bucolique sur la Vltava qui vous mènera aux portes du **zoo de Prague** (voir encadré). Ouvert en 1931, celui-ci totalise près de 58 ha, environ 5 049 animaux et 676 espèces sur un terrain en hauteur - d'où son télésiège vintage glissant au-dessus d'une volière. Plusieurs pavillons thématiques égrainent la visite, dont celui de la jungle indonésienne qui reproduit à merveille le décor et les sons de la forêt.

U Trojského zámku 3/120 (HP par E1) • M° Nádraží Holešovice, puis bus 112 arrêt Zoologická zahrada ou bateau (voir encadré) • ☎ 296 112 230 • www.zoopraha.cz • Avr.-mai et sept.-oct. t.l.j. 9h-18h ; juin t.l.j. 9h-21h ; juil.-août t.l.j. 9h-21h ; nov.-fév. t.l.j. 9h-16h ; mars t.l.j. 9h-17h • Entrée : 200 Kč.

Balade en bateau jusqu'au zoo

Compter 1h15 (dont le passage de deux écluses) puis 10 à 15 min de marche du ponton au zoo. Plein tarif aller simple : 190 Kč ; aller-retour : 290 Kč. D'avril à septembre, embarquement depuis Rašínovo nábřeží, Náplavka (C4), M° Karlovo námestí ☎ 734 761 003, www.paroplavba.cz

VIGNOBLES EN PLEINE VILLE

Viniční altán

Si Prague a gardé un côté campagnard, c'est aussi grâce à ses huit vignobles qui s'étalent sur près de 12 ha. Bravant le temps (le plus ancien remonterait au XIIIe s.), ces vignobles donneraient près de 45 000 l par an. Une goutte d'eau comparée à la production de vins de Moravie et de Bohême. Le plus visible, situé au pied du Château, est **Saint-Venceslas** (B2) ; les moins touristiques se nichent notamment dans le parc **Havlíčkovy sady** (E4-5) et à **Troja** (HP par E1).

OÙ TRINQUER AU MILIEU DES VIGNES ?

Situés au-dessus du zoo, de la vallée de la Vltava et du château de Troja, la cave et le restaurant **Salabka** offrent des dégustations de quatre ou cinq vins maison (müller-thurgau, pinot blanc et pinot noir). Le chef distille sa cuisine du soleil à table, mais aussi lors de pique-niques au milieu des vignes. Magique...
K Bohnicím 2a, Troja (HP par E1) • M° Nádraží Holešovice, puis bus 112 arrêt Zoologická zahrada • ☎ 778 019 002 • www.salabka.cz • Mer.-sam. 12h-15h, 17h30-22h, fermé dim.-mar. • Plats : 630 Kč (2 plats, midi), 680 Kč (3 plats, midi), 1650 Kč (3 plats, soir), 2150 Kč (7 plats, soir).

Dominant les vignes, le **Viniční altán** est un pavillon en bois qui semble sorti d'une peinture ancienne orientaliste ou d'Asie mineure. À l'intérieur, on goûte au vin blanc Grébovka, qui s'accompagne d'une généreuse assiette de fromage ou de quelques grillades l'été.
Havlíčkovy sady 1369 (E4) • M° Náměstí Míru, tram 22 arrêt Krymská ou tram 6 ou 24 arrêt Otakarova • ☎ 222 516 887 ou 602 117 137 • www.vinicni-altan.cz • Nov.-mars : t.l.j. 11h-21h, avr.-oct. : t.l.j. 11h-22h30 • Vin (0,25 l) : à partir de 115 Kč ; assiette de fromage : de 150 à 190 Kč ; salade : de 130 à 160 Kč.

HORS DE PRAGUE

À 15 km au sud-est de la capitale, le **parc Průhonický** s'étend sur 250 ha autour d'un château de 1270, maintes fois reconstruit et fermé au public. Fondé en 1885 et classé au patrimoine mondial de l'humanité par l'Unesco depuis 2010, ce parc compte 1606 espèces de plantes locales et exotiques.
M° Opatov, puis bus 363 ou 385, arrêt Průhonice • ☎ 271 015 211 • www.pruhonickypark.cz • Mars t.l.j. 7h-18h ; avr. et oct. t.l.j. 7h-19h ; mai-sept. t.l.j. 7h-20h ; nov.-fév. t.l.j. 8h-17h • Entrée : 50 Kč (nov.-mars), 80 Kč (avr.-oct.).

13 Holešovice, ÉPICENTRE DE L'ART CONTEMPORAIN

● Restos & bistrots p. 126 ● Bars, clubs & sorties p. 154 ● Boutiques p. 184

Avis aux amateurs d'art contemporain ! Entre le DOX, le Veletržní palác (musée d'Art contemporain) et les nombreuses galeries privées, le quartier de Holešovice est sûrement l'un des plus culturels de la ville. Les boutiques de créateurs et les restaurants y sont aussi légion, notamment autour de la rue Veverkova. Enfin, le parc Letná offre une vue imprenable sur les toits de Prague ; pendant que certains s'adonnent au skateboard, d'autres sirotent une bière en regardant le soleil se coucher.

Centrum současného umění DOX

❶ CENTRUM SOUČASNÉHO UMĚNÍ DOX★★★

Centre d'art contemporain DOX
Le DOX est le lieu incontournable de la création contemporaine à Prague. On déambule dans les espaces de cette ancienne usine transformée par l'architecte Ivan Kroupa, découvrant installations farfelues, photographies troublantes et tableaux d'artistes tchèques ou internationaux. Sur le toit du musée, grimpez dans le monumental dirigeable *Gulliver*, œuvre de l'architecte Martin Rajniš.
Poupětova 1 • ☎ 295 568 123 • www.dox.cz • Sam.-lun. 10h-18h, mer. et ven. 11h-19h, jeu. 11h-21h • Entrée : 180 Kč.

❷ VELETRŽNÍ PALÁC★★★

Musée d'Art moderne et contemporain
De Claude Monet à Henri Matisse et de la peinture au design : toutes les collections de la Galerie nationale du XIXe s. à nos jours sont regroupées depuis 1995 dans ce très beau musée à l'architecture fonctionnaliste.

L'édifice

La construction, en 1929, de cet édifice tout de verre et de béton avait impressionné Le Corbusier lui-même. Il est vrai que l'enfilade vertigineuse de balcons sur six étages a de quoi fasciner. Dédié aux foires et aux expositions, ce « palais des temps modernes » a changé de vocation en 1995.

Les premier et deuxième étages

Au 1er étage, des chefs-d'œuvre du XXe s. signés Gustav Klimt, Egon Schiele ou Oskar Kokoschka, qui a immortalisé des paysages pragois. Au 2e étage, focus sur l'art tchèque de 1930 à 2000. Parmi eux : les clichés du grand photographe Josef Sudek, les peintures et créations de Vladimír Boudník ou Jiří Kolář ainsi que des témoignages du réalisme socialiste.

Les troisième et quatrième étages

Pour se familiariser avec l'art tchèque de 1918 à 1938, coup d'œil au mobilier des années

1930 ainsi qu'aux œuvres de František Kupka, Emil Filla et Jan Zrzavý. Le cubisme tchèque - et son évolution entre 1910 et 1919 - est aussi représenté à travers l'exposition de toiles, d'ébauches et de dessins de grands artistes nationaux, venus enrichir la collection du Veletržní palác après la fermeture du musée du Cubisme en 2012. On musardera aussi devant une très riche collection de joyaux de l'art français des XIXe et XXe s. Au programme : Carpeaux, Delacroix, Corot, Pissarro, Sisley, Rodin, ou encore Courbet, Monet, Cézanne, Matisse, Chagall, Braque... (3e étage), ainsi qu'un *Autoportrait* de Pablo Picasso (3e étage).

Pause sucrée : Café Letka

Rendez-vous dans ce café planqué, un brin vintage avec tables et chaises en bois patiné, larges miroirs et moulures. Le lieu est parfait pour faire une pause sucrée autour d'un *chai latte* (65 Kč) et d'une part de cheesecake aux abricots (80 Kč). L'équipe propose aussi des sandwichs (129 Kč), des soupes en hiver (60 Kč) et des salades, pour un déjeuner sur le pouce.

● 82 Letohradská 44 • ☎ 777 444 035 • www.cafeletka.cz • Lun. 15h-minuit, mar.-ven. 8h-minuit, sam.-dim. 9h-minuit.

Dukelských hrdinů 47 • ☎ 224 301 122 • www.ngprague.cz • Mar. et jeu.-dim. 10h-18h, mer. 10h-20h • Entrée : 220 Kč.

❸ POLANSKY GALLERY★★

Pour découvrir la jeune génération de l'art contemporain tchèque mais aussi internationale, rendez-vous dans cette galerie confidentielle. Première étape : sonner à la porte ! Admirez les installations, photographies et autres œuvres inventives présentées au cours d'expositions. Vous pouvez aussi prendre rendez-vous pour venir en dehors des horaires d'ouverture.

Veletržní 45 • ☎ 606 513 720 • http://polanskygallery.com • Mer.-sam. 14h-19h ou sur r.-v. • Accès libre.

❹ VÝSTAVIŠTĚ★

Parc des expositions

Construit en 1891 pour l'exposition générale de Prague et situé à l'entrée du parc de Stromovka (une ancienne réserve de chasse royale), cet ensemble de bâtiments Art nouveau est devenu le parc des expositions de la ville. À ses côtés, le **Lapidarium** (Výstaviště 422 ; mai-nov. mer. 10h-16h, jeu.-dim. 12h-18h ; entrée : 50 Kč), installé dans un pavillon du parc, mérite le coup d'œil : annexe du Musée national, il abrite une collection de sculptures de pierre courant sur huit siècles.

Výstaviště 67 • ☎ 702 128 232 • www.vystavistepraha.eu • Extérieur en libre accès ; intérieur : selon le calendrier des manifestations.

⑤ NÁRODNÍ TECHNICKÉ MUZEUM★★

Musée technique national
Si vous voyagez en famille, ne manquez pas de faire un tour au Musée technique national qui met en scène de façon ludique les inventions industrielles du pays, des avions aux trains en passant par les automobiles anciennes. Dans les autres salles, les enfants pourront jouer tour à tour les astronomes, les photographes ou les architectes.
Kostelní 42 • ☎ 220 399 111 • www.ntm.cz • Mar.-dim. 9h-18h • Entrée : 250 Kč, enfant : 130 Kč.

Letenské sady

⑥ LETENSKÉ SADY★★

Parc Letná
Vue panoramique garantie depuis ce parc qui occupe les hauteurs d'une colline longeant la Vltava. Le meilleur spot pour apprécier la vue est sans aucun doute à côté de l'immense métronome qui domine la ville depuis 1991. Le lieu abrite également un bar en plein air génial, le *beer garden* de Letná, où l'on vient boire une bière à l'ombre des arbres aux beaux jours (p. 127).

⑦ VNITROBLOCK★★

Dépaysement garanti dans cet ancien garage industriel aux faux airs de loft new-yorkais. Devenu en peu de temps le QG des créatifs, le lieu abrite coffee shop, boutiques, salle de yoga et mini-salle de cinéma (se rens. avant sur la programmation). Tous les mois, il accueille aussi des expositions artistiques et organise régulièrement des DJ sets. Résultat : les tables se remplissent vite tout au long de la journée. En passant à l'improviste, n'hésitez pas à vous faire une place pour vous accorder une pause-café. Profitez-en pour chiner parmi les rayons remplis d'accessoires mode et flâner dans la cour extérieure.
Tusarova 791/31 • ☎ 770 101 231 • www.vnitroblock.cz • Lun. 12h-22h, mar.-sam. 9h-22h, dim. 9h-20h.

Prague et l'art contemporain

Sous le régime communiste, seuls les artistes diplômés des Beaux-Arts avaient le droit d'exposer. Ceux qui étaient censurés organisaient clandestinement des expositions. À la chute du bloc soviétique, tout le monde put se déclarer « artiste » du jour au lendemain. Le vent de folie artistique qui souffla dans les années 1990 s'est depuis un peu normalisé. Cette scène, encore fragile, mérite une découverte.

L'ART EXPOSÉ

Proche du **Veletržní palác,** le **Centre d'art contemporain DOX** (p. 95) propose des expositions temporaires d'artistes tchèques et parfois internationaux. Dans cette usine reconvertie, la boutique **DOX by Qubus** (p. 184) présente des designers locaux qui en surprendront plus d'un par leur audace. Installée dans le bâtiment de l'Orchestre philharmonique, la **galerie Rudolfinum** (p. 44 ; ☎ 770 100 767 ou 227 059 205 ; www.galerierudolfinum.cz ; mar.-mer. et ven.-dim. 10h-18h, jeu. 10h-20h ; 120 Kč) organise des expositions temporaires sous ses folles hauteurs de plafond. Enfin, **DSC Gallery** (Dlouhá 5 - H6 ; M° Staroměstská ; ☎ 607 262 617 ; www.dscgallery.com ; lun.-sam. 13h-19h ou sur r.-v.) fait la part belle aux artistes locaux mais aussi internationaux, comme David LaChapelle.

UN PERSONNAGE INCONTOURNABLE

On ne voit que lui à Prague - ou plutôt ses œuvres. Avec son visage d'éternel adolescent et son style « punk-surréaliste », **David Černý** s'est fait connaître en 1991 en peignant en rose un char soviétique qui symbolisait la libération

Une usine à la Warhol

Hors du centre historique, coincée entre une voie rapide et des rails de chemin de fer, la **MeetFactory** agite le paysage culturel underground depuis 2001. Le bâtiment, appartenant à la compagnie des chemins de fer tchèque, est une ancienne usine de jambon reconvertie. Cette Factory à la Warhol regroupe, sur 5 000 m², des résidences d'artistes, trois salles d'exposition, deux salles de concerts et de théâtre, et un bar ouvert selon la programmation. Deux voitures roses sont posées sur la façade, œuvre de l'artiste David Černý, fondateur de cette ruche artistique. Voir p. 156.

de la ville par l'Armée rouge. Un véritable scandale pour l'époque. On lui doit la **statue de saint Venceslas sur un cheval à l'envers** (p. 77), les poupons effrayants gravissant la **tour de télévision** (p. 89) et marchant dans le **parc de l'île de Kampa** (p. 63), ou encore cet homme suspendu au-dessus de la rue Husova (G8/H8). En 2009, il se fait de nouveau remarquer à Bruxelles avec sa pièce *Entropa*, représentant les 27 de l'UE selon des clichés : une banderole « grève » pour la France, des toilettes turques pour la Bulgarie…

MeetFactory

NOUVELLE GARDE

À lui seul, l'artiste tchèque David Černý éclipserait presque l'entière nouvelle garde d'artistes ! Pourtant, Andreas Gajdošík, Marie Lukáčová et le Comunite Fresca comptent parmi la relève de notre époque. Il s'agit des **finalistes 2019 du prix Jindřich Chalupecký** (www.cjch.cz), qui fut lancé par Václav Havel en 1990 pour récompenser les jeunes plasticiens. À ces derniers s'ajoutent des talents prometteurs comme Krištof Kintera, un artiste pluridisciplinaire connu pour ses statues qui questionnent notre monde. À Prague, on lui doit *On One's Own Volition*, un lampadaire courbé réalisé en 2011 sous le pont Nuselský à la mémoire des Tchèques qui se sont donné la mort à cet endroit.

LA PHOTOGRAPHIE

Considéré comme le Nadar tchèque, **Jan Langhans** (1851-1928) immortalisa des milliers de visages, dont des têtes couronnées. Ses héritiers ont pu récupérer son atelier et ses clichés après la restitution du patrimoine familial nationalisé à l'époque communiste. La **fondation Langhans** préserve désormais son travail. À quand une maison qui rassemblerait les clichés du célèbre photographe Josef Koudelka, membre de l'agence Magnum, et qui trouva un asile politique en France en 1970 ? Enfin, la **Leica Gallery** présente des clichés de photographes parmi lesquels Helmut Newton et Wim et Donata Wenders (p. 81).

Fondation Langhans

Restos & bistrots

PAR QUARTIER

Les coups de cœur DE NOTRE AUTEUR 2020

Prague, destination culinaire de choix ? Assurément ! Entre restaurants traditionnels, néobistrots à l'ambiance plus branchée et coffee shops où l'on pourrait siroter son café pendant des heures, la ville a plus d'une bonne adresse dans sa poche. Céline vous livre ses restos et cafés pragois préférés pour 2020.

CUKRKÁVALIMONÁDA

Je me sens encore à l'abri des hordes de touristes dans cet adorable café où faire une pause gourmande. Voir p. 64.

ONESIP

Un café fraîchement torréfié à emporter et un sourire pour bien commencer la journée ! Voir p. 111.

BOHO CAFÉ & STORE

Je ne dis jamais non à un déjeuner façon tapas ou à un goûter gourmand, surtout si je peux aussi y faire du shopping. Voir p. 123.

Boho Café & Store

Eska

PEKARNA PRAKTIKA

Si je devais habiter à Prague, ce serait sans aucun doute mon boulanger attitré ! Voir p. 121.

DISH

J'adore regarder le chef préparer ses burgers derrière le comptoir. Voir p. 124.

ESKA

Pour déjeuner sous une verrière, c'est par ici ! Voir p. 125.

WINE FOOD MARKET

Aux côtés des Pragois, je m'attable ici pour une délicieuse pizza. Voir p. 121.

À SAVOIR

CONNAISSEZ-VOUS LA CUISINE TCHÈQUE ?

Consistante, la cuisine tchèque est faite pour les grands froids. Testez les plats traditionnels comme le ***svíčková na smetaně*** (rôti de bœuf à la crème fraîche, servi avec des airelles et de la crème fouettée), le ***smažený sýr*** (fromage pané) ou, sur le pouce, les ***chlebíčky*** (canapés). En accompagnement ou en dessert (si, si !), tentez les ***knedlíky*** (boulettes de farine et d'œufs bouillies, nature ou avec des pommes de terre). Les amateurs de sucré ne seront pas en reste. Dans les ***pekárna*** (« boulangeries »), vous goûterez au ***loupák,*** sorte de croissant, au ***koláč,*** petit gâteau, au ***povidlový*** (confiture) ou encore au ***makový*** (pavot). Pour en savoir plus sur la gastronomie tchèque, ne manquez pas les visites guidées de Taste of Prague (p. 197).

OÙ MANGER ?

Sans surprise, les abords de la place de la Vieille-Ville et du Château sont truffés de restaurants aussi touristiques que les lieux qui les entourent. En s'éloignant un peu, on double ses chances de trouver une table convenable. Le détour en vaut vraiment la peine : vous serez agréablement surpris...

Au ***bufet,*** un self très bon marché, sont servis des plats chauds. Les Tchèques privilégient les ***pivnice, hospoda, hostinec,*** où l'on peut manger et boire, ou encore les ***vinárna,*** des bars à vins populaires servant quelques plats. Ils sont également très friands des coffee shops qui ont fleuri un peu partout dans la ville : ils s'y retrouvent l'après-midi pour boire un café et manger une part de gâteau.

PRATIQUE

Les Pragois déjeunent en général sur le pouce et dînent vers 19h, avant de retrouver leurs amis autour d'une *pivo*. Sachez que le pain, les sauces et parfois le couvert sont facturés. Les pourboires sont rarement inclus et on les donne directement au serveur (environ 10 %).

SE REPÉRER

Chaque adresse de restaurant est associée à une pastille orange numérotée. Vous retrouverez toutes les adresses positionnées sur le plan détachable.

Restos & bistrots
PAR QUARTIER

Staré Město, côté pont Charles (Quartier 1 - p. 24)

COTTOCRUDO RESTAURANT
Italien ① Plan G7

C'est l'Italie qui chante dans ces délicieuses assiettes préparées devant vous depuis la cuisine ouverte. Au menu : ravioli aux artichauts (500 Kč), *linguine aglio olio e peperoncino* (450 Kč) ou loup de mer grillé (880 Kč). Pour jouir d'une vue imprenable sur le Château voisin, demandez une table près de la fenêtre ou sur la terrasse.

Veleslavínova 2a • M° Staroměstská • ☎ 221 426 880 • www.cottocrudo.cz • Resto : t.l.j. 7h-22h30 (bar 1h) • Plats : de 450 à 950 Kč.

V ZÁTIŠÍ
Gastronomique ② Plan G8

Les couleurs douces, les lampes au style épuré et les cloisons faites de livres collés les uns sur les autres donnent à ce lieu un charme certain, idéal pour dîner en tête à tête. Dans l'assiette, des plats originaux et très raffinés, qui s'inspirent de la cuisine tchèque, française et internationale (foie gras frais poêlé, cuisine indienne, etc.). Une belle réussite !

Liliová 1 • M° Můstek • ☎ 222 221 155 • www.vzatisi.cz • T.l.j. 12h-15h et 17h30-23h (dim. dès 11h) • Résa à l'avance • Menus : 2 plats 490 Kč, 3 plats 590 Kč, brunch (dim.) 875 Kč ; menu dégustation 1 490 Kč.

CottoCrudo Restaurant

Les meilleures tables GASTRONOMIQUES

On connaît bien sûr les tavernes et auberges pragoises, si chères aux habitants qui s'y retrouvent après le travail ou le week-end. Mais la ville regorge aussi d'adresses de haut vol où les chefs s'inspirent des classiques de la cuisine tchèque pour en proposer une version gastronomique. L'occasion de déjeuner ou de dîner à une table de choix, à prix raisonnable.

SANSHO

Une cuisine aux accents asiatiques par un chef anglais ! Voir p. 129, **hors visites.**

Sansho

LA DÉGUSTATION BOHÊME BOURGEOISE

L'adresse gastronomique étoilée, incontournable à Prague. Voir p. 110, **Josefov.**

KRYSTAL MOZAIKA BISTRO

Une table moderne, qui sait faire la part belle aux produits locaux. Voir p. 122, **Karlín.**

FIELD

Un max de produits locaux et de saison pour des assiettes créatives que vous aurez envie d'immortaliser ! Voir p. 108, **Josefov.**

RESTAURACE BLATNIČKA
Bar à vins ③ Plan H7/8

Les solides piliers de comptoir carburent au petit blanc dans ce bar à vins toujours plein à craquer. On y consomme exclusivement la production de la coopérative de Blatnice, en Moravie du Sud. Si vous hésitez entre le *svatovavřinecké* et le riesling, demandez conseil !

Michalská 6 • M° Můstek • ☎ 224 225 860 • www.restaurace-blatnicka.cz • Lun.-sam. 11h-23h, dim. 11h-22h • Plats : de 169 à 379 Kč ; vin (bouteille) : 210-660 Kč.

GELATO CAFÉ
Glaces ④ Plan H7

Aussi mignonne à l'extérieur qu'à l'intérieur avec un décor moitié baroque, moitié boudoir, le Gelato Café est le champion de la glace italienne en ville. Du parfum plus classique (chocolat, vanille, pistache, coco, etc.) au plus décadent (chocolat noir et caramel au beurre salé, par exemple), il y en a pour tous les goûts. On y trouve aussi des sorbets et des options vegan et sans sucre ajouté. Trop froid pour une glace ? Essayez leurs cakes et pâtisseries maison (strudel, sacher, forêt noire, etc.).

Husova 231/12 • M° Národní Trida • ☎ 224 211 035 • www.cremecreme.cz • T.l.j. 10h-23h • Pâtisseries : 90-110 Kč • Cornet de glace : de 45 à 100 Kč.

CHOCO CAFÉ U ČERVENÉ ŽIDLE
Salon de thé ⑤ Plan G8

Ambiance cosy pour ce salon de thé qui vous propose de vrais chocolats chauds à l'ancienne : chacun d'entre eux contient 100 g de carrés de chocolat ! La carte vous fera hésiter entre un chocolat aux noisettes, à la noix de coco ou à l'amaretto, que vous pourrez déguster en terrasse.

Liliová 4 • M° Staroměstská • ☎ 222 222 519 • www.choco-cafe.cz • T.l.j. 10h-20h • Chocolats chauds : de 69 à 155 Kč.

Gelato Café

CAFÉ BAR DIVADLO NA ZÁBRADLÍ
Café ⑥ Plan G7

Sur la charmante petite place Anenské, découvrez le café du célèbre théâtre de Prague qui accueillit le mime Ladislav Fialka, élève de Marceau, et Václav Havel, auteur de la Charte 77, alors simple machiniste. La petite terrasse intérieure est agréable et il est possible de s'y restaurer.

Anenské náměstí 5 • M° Staroměstská • ☎ 736 264 567 • www.nazabradli.cz • Se rens. pour les horaires et les prix.

VOIR AUSSI :

U Zlatého tygra | p. 27 | ⑦ Plan G7

Monarch | p. 28 | ⑧ Plan H8

Staré Město, au cœur de la Vieille Ville (Quartier 2 - p. 32)

HAVELSKÁ KORUNA
Self-service ⑨ Plan H7

Un buffet self-service en plein centre qui comblera ceux qui veulent goûter, dans une ambiance populaire, à la vraie cuisine tchèque. Il vous suffit de montrer à la serveuse ce qui vous intéresse parmi les grands classiques. On mange très bien !

Havelská 23 • M° Můstek • ☎ 224 239 331 • www.havelska-koruna.cz • T.l.j. 10h-20h • Plats : de 90 à 150 Kč.

KAVÁRNA OBECNÍ DŮM
Café ⑩ Plan I7

Le grand café de la Maison municipale (p. 32) est majestueux. Décoration Art nouveau (cristal, chromes et miroirs), serveurs en costume, chariot de desserts, *salónek* (petit cabinet) pour Internet, musique d'ambiance, sans oublier le défilé de vieilles dames et de vacanciers... Pour admirer ce ballet, installez-vous au balcon.

Maison municipale, Náměstí Republiky 5 • M° Náměstí Republiky • ☎ 222 002 763 • www.kavarnaod.cz • T.l.j. 8h-23h • Petit déj. : env. 150-250 Kč ; salades : de 240 à 265 Kč ; sandwichs : de 150 à 190 Kč ; desserts : de 110 à 190 Kč.

PIVNICE ŠTUPARTSKÁ
Brasserie ⑪ Plan I7

Dans un décor de brasserie aéré et ouvert sur l'extérieur grâce aux larges baies, cette taverne offre un grand choix de viandes en sauce à la mode tchèque. Les amateurs de viande ultra-tendre se régaleront : ici, on sait la préparer à la perfection !

Štupartská 9 • M° Náměstí Republiky • ☎ 222 314 308 • www.pivnicestupartska.cz • T.l.j. 11h-minuit • Plats : de 235 à 395 Kč.

PIZZA NUOVA
Italien ⑫ Plan I6

Central, ce restaurant au premier étage sert toute la journée et tard le soir - une aubaine à Prague ! Dans l'assiette, des pizzas correctes, et un service pro. Le buffet d'antipasti *« all you can eat »* (à volonté) s'affiche à 315 Kč (lun.-ven. 12h-15h), celui des pizzas et des pâtes va de 385 Kč (lun.-ven. 12h-15h) à 495 Kč (lun.-ven. 18h-22h et sam.-dim. 11h30-22h). Idéal aussi pour les enfants, qui y ont un espace dédié et pléthore de jouets.

Kavárna Obecní dům

Revoluční 1 • M° Náměstí Republiky • ☎ 221 803 308 • www.pizzanuova.cz • T.l.j. 11h30-23h30 • Pizzas : de 208 à 268 Kč ; antipasti et salades : de 175 à 255 Kč ; pâtes : de 205 à 295 Kč.

RESTAURACE MINCOVNA
Bistronomique ⑬ Plan H7

Situé sur la place de la Vieille-Ville, cet excellent restaurant bistronomique n'a rien à voir avec les attrape-touristes alentour. Sous les voûtes, on vient pour déguster une cuisine tchèque traditionnelle et raffinée, et découvrir une belle sélection de bières et de vins locaux.
Staroměstské náměstí 930/7 • M° Staroměstská • ☎ 727 955 669 • www.restauracemincovna.cz • T.l.j. 11h-23h • Plats : de 225 à 550 Kč ; *svíčková* (faux-filet) : 255 Kč ; *goulasch* et *knedlíky* (quenelles de pâtes) : 225 Kč.

GRAND CAFÉ ORIENT
Café ⑭ Plan I7

Au premier étage de la maison à la Vierge noire (p. 35), le Grand Café Orient décline une copie de sa décoration originale de 1912. Clientèle d'affaires, visiteurs et Pragois se télescopent dans une ambiance cubiste, avec

Grand Café Orient

des serveurs en nœud papillon et tablier. Tous goûtent à la pâtisserie tchèque *věneček* (58 Kč), qui quitte sa forme ronde pour devenir... cubique. À la carte, tartare de saumon fumé (195 Kč) ou pancake à la sauce aux champignons (165 Kč).
Ovocný trh 19 (Dům U Černé Matky Boží) • M° Náměstí Republiky • ☎ 224 224 240 • www.grandcafeorient.cz • Lun.-ven. 9h-22h, sam.-dim. 10h-22h • Petits plats : de 135 à 245 Kč.

VOIR AUSSI :

Café-Café | p. 35 | ⑮ Plan H8

Angelato Café | p. 38 | ⑯ Plan H7

Josefov (Quartier 3 - p. 44)

LOKÁL
Traditionnel ⑰ Plan I6

Ce bar-restaurant peut s'enorgueillir d'être le plus long de la ville ! Il reproduit l'ambiance locale des bars des années 1980, avec un tableau lumineux donnant le menu et de longs bancs en bois. L'équipe nationale de hockey sur glace

s'y retrouve parfois. On y mange de roboratives spécialités tchèques, préparées avec des ingrédients du marché ou de petits producteurs. Goûtez le fromage pané et sa sauce tartare (225 Kč). Les toilettes des hommes valent le détour.
Dlouhá 33 • M° Náměstí Republiky • ☎ 734 283 874 • http://lokal-dlouha.ambi.cz • Lun.-sam. 11h-1h, dim. 11h-minuit • Plats : de 139 à 440 Kč.

FIELD
Gastronomique ⑱ Plan H6

Cette table étoilée est connue pour ses assiettes créatives aussi jolies que délicieuses. Dans une grande salle épurée, Field défend une cuisine de terroir et de saison. Escorté de chou-rave et de quinoa, le sandre se déguste pour 640 Kč ; l'agneau est servi avec des carottes et du fromage de brebis

Field

(640 Kč), tandis que les fromages comme le pain sont faits maison ! Le nec plus ultra ? Se payer le luxe d'un accord mets/vins.
U Milosrdných 12 • M° Staroměstská ou Náměstí Republiky • ☎ 222 316 999 • www.fieldrestaurant.cz • Lun.-ven. 11h-14h30 et 18h-22h30, w.-e. 12h-15h et 18h-22h30 (22h le dim.) • Menu dégustation midi (en sem., 5 plats) : 1 300 Kč ; menu dégustation soir (10 plats) : 3 600 Kč ; à la carte : 640-690 Kč/plat.

AU GOURMAND
Sur le pouce ⑲ Plan H6

Le style fait mouche : une ancienne boucherie dont on a conservé les carreaux en faïence d'origine et les grands miroirs. On y a installé des présentoirs remplis de viennoiseries à la française. Les quiches sont exquises (env. 79 Kč). Tables et banquettes pour déguster.
Dlouhá 10 • M° Staroměstská • ☎ 222 329 060 • www.augourmand.cz • Lun.-ven. 8h-19h, sam. 8h30-19h, dim. 9h-19h • Salades : environ 180 Kč ; sandwichs : 190 Kč ; viennoiseries : de 27 à 109 Kč.

NAŠE MASO
Burgers ⑳ Plan I6

La boucherie-snack Naše maso (« notre viande », en tchèque) porte bien son nom. František Kšána Junior, chef boucher, se fournit dans des fermes locales où l'on élève le cochon Přeštík connu pour sa viande tendre. On choisit sa *klobásy* (saucisse) pour un hot-dog ou un hamburger

Notre top des restos TRADITIONNELS

Qui n'a pas dégusté un vrai *svíčková na smetaně* (rôti de bœuf à la crème fraîche) digne de ce nom ne connaît pas totalement la cuisine tchèque. Dans ces cafés et restaurants traditionnels, vous goûterez à ce que les Pragois cuisinent chez eux : à commencer par le goulasch. En dessert, ne passez pas à côté de l'incontournable strudel aux pommes !

LOKÁL

Ici, ambiance locale des années 1980. Voir p. 107, **Josefov.**

NOVÝ SVĚT

Attablez-vous dans cette maison du XVIe s. pour goûter une cuisse d'oie rôtie. Voir p. 115, **Hradčany.**

CAFÉ SAVOY

Une institution qui n'a rien perdu de son charme et où l'on retrouve l'esprit de Prague. Voir p. 115, **Petřín.**

GRAND CAFÉ ORIENT

On aime déjeuner au premier étage de la maison à la Vierge noire (p. 35), dans un décor datant de 1912. Voir p. 107, **Staré Město.**

MYŠÁK

Une adresse mythique pour les becs sucrés. Commandez leurs choux, les *větrník*. Voir p. 119, **Nové Město.**

Lokál

(sans frites) à déguster sur les deux petites tables. Sympathique : la bière est en self-service à la pompe (une bière pour 48 Kč).
Dlouhá 39 • M° Náměstí Republiky ou Staroměstská • ☎ 222 311 378 • www.nasemaso.cz • Lun.-sam. 8h30-22h • Saucisse : 85 Kč ; hamburger : de 188 à 238 Kč ; steak tartare : 195 Kč.

BANH-MI-BA
Street food ㉑ Plan 16

Un comptoir street food tout en bois où déguster de délicieux *bánh mì*, ces sandwichs vietnamiens garnis de crudités et de poulet, porc ou bœuf selon les recettes. Ici, on choisit entre une version au porc grillé avec mayonnaise ou une autre au tofu, le tout accompagné de coriandre, concombre, carottes, radis et sésame. À la carte également, rouleaux de printemps, *pho-bo* et salades.

Rybná 26 • M° Náměstí Republiky • ☎ 734 487 324 • banhmiba.cz • Lun.-sam. 11h-22h, dim. 11h-21h • *Bánh mì* : de 89 à 109 Kč ; plats : de 69 à 159 Kč.

LA DÉGUSTATION BOHÊME BOURGEOISE
Gastronomique ㉒ Plan I6

Une adresse qui fait des vagues ! Centré autour des produits locaux, le chef propose un véritable voyage gustatif, rappelant les goûts d'enfance ou jouant sur d'inattendus mélanges de matières. Oldřich Sahajdák nous fait parfois manger avec les mains ! Il vient lui-même servir, instaurant une relation interactive. Une très belle expérience !

Haštalská 18 • M° Náměstí Republiky • ☎ 222 311 234 • www.ladegustation.cz • Mar.-dim. 18h-minuit • Menu 8 plats : 3 450 Kč.

MISTRAL CAFÉ
Brasserie ㉓ Plan G7

La déco épurée en béton brut et les larges baies vitrées détonnent dans le centre historique de Prague... Pour un peu, on se croirait dans une galerie d'art ou de design. Un vaste choix à la carte, et, dans l'assiette, une soupe de tomates de San Marzano (82 Kč) ou un fish and chips (209 Kč) qui se défendent plutôt bien. Bien vu, le coin « enfants » et ses jeux.

Valentinská 11/56 • M° Staroměstská • ☎ 222 317 737 • www.mistralcafe.cz • Lun.-ven. 8h-23h, sam.-dim. 9h-23h • Salades : de 198 à 229 Kč ; burgers : de 206 à 226 Kč. ; plats : de 198 à 350 Kč.

KING SOLOMON
Cuisine juive ㉔ Plan G6

Ce restaurant aux murs couverts de photos du quartier juif sert sur fond de musique mélancolique une cuisine kasher (rare à Prague) à base de produits venant de Bohême. Essayez la truite au gratin (510 Kč) ou le steak de saumon grillé (690 Kč).

Široká 8 • M° Staroměstská • ☎ 224 818 752 • www.kosher.cz • Lun.-jeu. 12h-22h, ven. midi • Ven. soir et sam. midi uniquement sur résa pour Shabbat • Plats : de 450 à 1 500 Kč.

SISTERS
Sur le pouce ㉕ Plan I6

Le chef met ici sa créativité au service de sandwichs aux combinaisons d'ingrédients surprenantes. Goûtez également aux *chlebíčky* (canapés) : canard au chou, jambon de Prague et pomme de terre fumée, œuf, chou-fleur... Vous reviendrez, c'est sûr !

Dlouhá 39 • M° Náměstí Republiky ou Staroměstská • ☎ 775 991 975 • www.chlebicky-praha.cz • T.l.j. 8h-19h, • *Chlebíčky* : de 45 à 66 Kč la pièce.

Bánh Mì Makers

BÁNH MÌ MAKERS
Vietnamien ㉖ Plan I6

Pour débusquer cette adresse, il faut s'enfoncer dans le passage situé rue Dlouhá et bifurquer sur la droite. C'est là que Bánh Mì Makers élabore ses fameux sandwichs au goût d'ailleurs. Le pain est fabriqué sur place selon une recette typiquement vietnamienne. Tout est frais, composé minute et à la demande, et quand il n'y en a plus... il n'y en a plus ! L'occasion de goûter aussi aux délicieux *pho*, rouleaux de printemps et autres salades.

Dlouhá 727/39 (entrée par Hradební 1) • M° Náměstí Republiky • ☎ 608 967 210 • www.banhmimakers.com • Lun.-ven. 10h-22h, sam. 12h-21h • *Bánh mì* : de 110 à 120 Kč ; salade du chef : 157 Kč ; café glacé vietnamien : 69 Kč.

ONESIP
Café takeaway ㉗ Plan I6

Ce comptoir à la déco arty passe pour servir un des meilleurs cafés de Prague. Ouvert en 2016 par deux passionnés, Onesip se fournit auprès de deux micro-torréfacteurs. À l'exception d'un chocolat chaud, la carte est du genre puriste : expresso, cappuccino, *macchiato*, *latte*, *cascara* (une infusion de grains de café) et basta ! Et s'il fait chaud, vous aurez peut-être la chance de goûter à leur granité de café.

Haštalská 755/15 • M° Náměstí Republiky • ☎ 605 411 441 • www.onesip.coffee • Lun.-ven. 9h-18h, dim. 10h-17h, f. le sam. • Expresso *macchiato* : 50 Kč.

VOIR AUSSI :

Bakeshop | p. 48 | ㉘ Plan H6

Les meilleures ADRESSES SUR LE POUCE

Hot-dogs, *bánh mì*, burgers... Les adresses où manger sur le pouce ne manquent pas à Prague. Depuis quelque temps, la street food a envahi les rues de la capitale avec ses sandwichs inspirés de la cuisine locale, mais aussi du monde entier... miam !

BANH-MI-BA

Courez goûter à ces sandwichs vietnamiens. Voir p. 109, **Nové Město.**

DISH

Pour des burgers exquis, testez ce coup de cœur de l'auteur. Voir p. 124, **Nové Město.**

ANGELATO CAFÉ

Sûrement les meilleures glaces de Prague. Voir p. 38, **Staré Město.**

MR. HOTDOG

Le roi du hot-dog, version classique ou revisitée. Voir p. 128, **Holešovice.**

BURRITO LOCO

De la street food mexicaine pour les fringales à toute heure. Voir ci-dessous, **Le Château.**

Banh-mi-ba

Le Château (Quartier 4 - p. 50)

BURRITO LOCO
Street food tex mex ㉚ Plan B1

Il est 16h et vous mourez de faim après la visite du Château ? Filez chez Burrito Loco, ouvert 7j/7 etpresque 24h/24. Au menu, de la street food mexicaine préparée minute : tacos, tortillas (125 Kč) et *quesadillas* option carnivore, vegan ou veggie... Bon, copieux : les Pragois en raffolent. Bonne nouvelle : il y en a neuf autres dans toute la ville !

Dejvická 6 • M° Hradčanská • ☎ 732 953 701 • www.burritoloco.cz • T.l.j. 7h-6h • Burritos : 89-169 Kč ; *agua fresca* : 29 Kč.

VOIR AUSSI :

Na Baště | p. 52 | ㉛ Plan B2

Malá Strana, côté royal (Quartier 5 – p. 56)

JO'S COCKTAIL & DINER
Américain ㉜ Plan B2

Bien placé près du Château, ce bar-restaurant est un bon compromis dans ce quartier touristique. Sur la carte, burgers (de 189 à 229 Kč), suprême de poulet à la sauce tomate et aubergine (209 Kč), steak sud-américain (299 Kč) ou salade César (189 Kč). Au bar, on se dispute les cocktails faits maison (de 125 à 185 Kč).

Malostranské náměstí 7 • Tram 12, 20 ou 22, arrêt Malostranské náměstí • ☎ 257 531 422 • www.josbar.cz • Lun.-jeu. 12h-minuit, ven.-sam. 12h-1h, dim. 12h-23h • Plats : de 209 à 299 Kč.

VOIR AUSSI :

Vinograf | p. 60 | ㉝ Plan C2

Malá Strana, côté sud (Quartier 6 – p. 62)

BOHEMIA BAGEL CAFE
Bagels ㉞ Plan B2

Tradition héritée des juifs polonais, le bagel est très courant dans le pays. Vous pourrez prendre ici un petit déjeuner copieux ou un repas sur le pouce, le tout avec du pain fabriqué sur place. À la carte : salades, sandwichs et 3 desserts.

Lázeňská 19 • M° Malostranská, puis tram 12, 20 ou 22, arrêt Malostranské náměstí • ☎ 257 218 192 • www.bohemiabagel.cz • Lun.-ven. 7h30-17h, sam.-dim. 7h30-18h (résa conseillée entre 7h30 et 10h30) • Petit déj. : de 72 à 200 Kč ; salades : de 125 à 195 Kč ; sandwichs : de 115 à 195 Kč ; desserts : de 25 à 45 Kč.

U MALÍŘŮ 1543
Gastronomique ㉟ Plan B2

Cet établissement, dont les voûtes peintes datent de 1595, est un modèle de raffinement. Les tables sont bien séparées, la lumière est douce, comme la musique ;

Bohemia Bagel Cafe

Sovovy Mlýny

et le service, discret. Un endroit idéal pour un dîner en amoureux. Le soir, laissez-vous tenter par une des spécialités de la maison. La grande gastronomie à Prague.

Maltézské náměstí 11 • M° Malostranská, puis tram 12, 20 ou 22, arrêt Malostranské náměstí • ☎ 257 211 014 • www.umaliru1543.com • T.l.j. 11h30-14h30 et 18h-23h30 • Menu dégustation : 2 190 Kč ; menu (3 plats) : 590 Kč ; plats : de 220 à 690 Kč.

SOVOVY MLÝNY
Terrasse ㊱ Plan C3

Voilà un bistrot où filer dès les premiers rayons de soleil. Situé sur les bords de la Vltava, dans le parc de Kampa, Sovovy Mlýny permet de prendre place sur les tables en bois alignées dehors pour partager une planche de charcuterie (env. 295 Kč/pers.) ou de poisson (env. 310 Kč/pers.). Côté boissons, on opte bien évidemment pour l'une des bières tchèques à la carte. Le lieu sert aussi burgers, salades et autres plats de bistrot. Attention, le service peut être désinvolte.

U Sovových mlýnů 2 • M° Malostranská • ☎ 724 036 036 • www.sovovy-mlyny.cz • T.l.j. 10h-23h30 • Plats : env. 170-560 Kč.

VOIR AUSSI :

Cukrkávalimonáda | **p. 64** | ㊲ Plan B2

Les hauts de Hradčany (Quartier 7 - p. 66)

NOVÝ SVĚT
Traditionnel ㊳ Plan A2

Cuisse de lapin et *knedlíky* (305 Kč) sont au menu de ce restaurant installé dans une petite maison du XVIe s. De quoi vous faire aimer la gastronomie tchèque. On y mange dans un jardin en été, dans une salle au rez-de-chaussée ou alors dans deux autres plus étroites au premier étage. Les murs sont lambrissés, les tables joliment dressées et l'ambiance est assez élégante.

Nový svět 77/3 • Tram 22, arrêt Brusnice • ☎ 773 781 0110 • www.restaurant novýsvět.cz • T.l.j. 11h-20h • Plats : de 185 à 375 Kč.

VOIR AUSSI :

Kavárna Nový Svět | p. 69 | ㊴ Plan A2

La colline de Petřín (Quartier 8 - p. 72)

CAFÉ SAVOY
Café ㊵ Plan B3

Grand coup de cœur pour ce café à la brillante ornementation fin XIXe s., remis au goût du jour avec succès grâce à une décoration contemporaine sans défaut : long bar-présentoir en bois clair, éclairages doux, musique souvent française. Grand choix de cafés. Également des salades (de 165 à 315 Kč), des omelettes (de 198 Kč), des soupes (de 115 à 258 Kč) et d'autres plats (de 258 à 598 Kč), le tout bien présenté dans des vitrines. Une escouade de plats pas chers rapidement servis. Côté desserts, testez le *strudel savoy* (98 Kč).

Vítězná 5 • Tram 9, 12, 20 ou 22, arrêt Újezd • ☎ 731 136 144 • www.cafesavoy.ambi.cz • Lun.-ven. 8h-22h30, sam.-dim. 9h-22h30 (cuisine fermée 17h-18h).

NEBOZÍZEK
Brasserie ㊶ Plan B3

Un service excellent, une table de qualité (la cuisse de canard confite - 350 Kč - est délicieuse !) et une vue incomparable légitiment largement ce détour. Nebozízek, « petite vrille » en tchèque : un nom approprié pour ce petit restaurant.

Petřínské sady 411/14 • M° Malostranská • ☎ 257 315 329 • www.nebozizek.cz • T.l.j. 12h-23h • Plats : de 240 à 650 Kč.

ATELIER RED & WINE
Bar à vins ㊷ Plan B3

À deux pas de la villa Kinský (p. 75), cette adresse confidentielle accueille les amateurs de vins aux saveurs de Moravie ou les gourmets aux palais fins. Il suffit de se laisser guider sur la carte fusion par Lubo, le patron, ou Stephan, qui parlent tous deux le français. Le plat signature est le pavé de cabillaud sur un ragu de chou-fleur (394 Kč). La crème brûlée (145 Kč) est délicieuse. Possibilité de prendre seulement un apéritif. **Rošických 4 • Tram 9, 12, 15 ou 20, arrêt Švandovo divadlo • ☎ 257 218 277 • www.atelieratelier.cz • Lun. 18h-minuit, mar.-sam. 11h30-minuit • Plats : de 336 à 528 Kč.**

VOIR AUSSI :

Pod Petřínem | p. 74 | 43 Plan B3

Nové Město (Quartier 9 - p. 76)

LAHŮDKY ZLATÝ KŘÍŽ
Self-service 44 Plan H8

Dans ce *bufet* traditionnel, derrière le comptoir, les boîtes de conserve et les bouteilles d'alcool regardent les *chlebíčky* (canapés) qui s'alignent non loin des plats. Pointez votre doigt sur le canapé choisi et payez. Reste à manger avec les doigts, debout, sur un coin de table à partager, la fameuse spécialité plutôt rustique. Munissez-vous de serviettes : il faut être expert pour ne pas en mettre partout !

Lahůdky Zlatý Kříž

Voir aussi p. 180 pour leur partie épicerie fine. **Jungmannova 34 • M° Můstek • ☎ 222 519 451 • wwwlahudkyzlatykriz.cz • Lun.-ven. 6h30-19h, sam. 9h-15h • *Chlebíčky* : de 30 à 34 Kč.**

ŽOFÍN GARDEN
Brasserie 45 Plan C3

Avec ses hauts plafonds, ses tentures, son jardin et sa carte de cuisines du monde, Žofín est l'un des restaurants de la ville à ne pas manquer. Le brunch (790 Kč/pers.) est très réputé. **Slovanský ostrov 226 • M° Staroměstská puis tram 9, 18 ou 22, arrêt Národní divadlo • ☎ 774 774 774 • www.zofingarden.cz • T.l.j. 11h-22h • Résa conseillée • Plats : de 195 à 295 Kč.**

GLOBE BOOKSTORE & CAFÉ
Café 46 Plan C3

Rendez-vous des expatriés, ce café permet de fouiller dans les titres anglais de la librairie avant de s'installer. On bouquine, on surfe grâce au Wifi ou on joue

Nos meilleures ADRESSES AVEC VUE

Que la ville soit recouverte de neige ou qu'elle suffoque de chaleur, il est toujours possible de profiter de son panorama sur le fleuve et le château. À la table d'une terrasse ou à l'abri d'un chaleureux bistrot tout vitré, découvrez notre sélection des plus belles adresses pour en prendre plein la vue.

LETENSKÝ ZÁMEČEK (LETNÁ BEER GARDEN)

Pour voir la ville d'en haut, allez boire une bière au sommet du parc Letná. Voir p. 127, **Holešovice.**

CAFÉ JEDNA

Vous adorerez vous installer à la terrasse du musée d'Art contemporain. Voir p. 126, **Holešovice.**

SOVOVY MLÝNY

Pour s'attabler le long de la Vltava. Voir p. 114, **Malá Strana.**

KAVÁRNA SLAVIA

Une grande salle vitrée qui offre un panorama magique sur la colline de Petřín. Voir p. 80, **Nové Město.**

Letenský zámeček

à des jeux de société en mangeant une soupe du jour (40-54 Kč) ou un gâteau à la carotte (95 Kč).

Pštrossova 6 • M° Národní třída ou Karlovo náměstí • ☎ 224 934 203 • www.globebookstore.cz • Lun.-ven. 10h-23h, sam. 9h30-minuit, dim. 9h30-22h • Plats : de 205 à 230 Kč.

CAFÉ LOUVRE

Café ㊼ Plan H8

Créé en 1902 et fréquenté par les intellectuels pragois, dont Kafka et Max Brod, ce café fut transformé en bureau à l'époque communiste, avant d'être restauré.

Découvrez la grande salle aux murs roses et les garçons en tablier blanc et nœud papillon. Pour boire un café, déguster une pâtisserie ou déjeuner (des plats végétariens sont à la carte).

Národní 22 • M° Národní třída • ☎ 224 930 949 ou 724 054 055 • www.cafelouvre.cz • Lun.-ven. 8h-23h30, sam.-dim. 9h-23h30 • Petit déj. : de 92 à 189 Kč ; plats : de 219 à 349 Kč ; soupes : 69 Kč ; salades : de 59 à 189 Kč.

BISTRO N° 19
Cantine (48) Plan G8

Cette minuscule cantine de quartier, un peu à l'écart des routes touristiques, décline un menu du jour composé d'une soupe et d'un plat imaginé à partir de recettes tchèques ou inspiré de la cuisine étrangère. Choix limité au menu, mais peu importe puisque tout est bon et à petit prix. À noter, le Bistro n° 19 se trouve à deux pas de la boutique de design tchèque **Kurator** (p. 175).

Bistro n° 19

Karolíny Světlé 19 • M° Národní třída ou Můstek • ☎ 739 466 838 • www.no19.cz • Lun.-ven. 10h-17h • Soupes : de 45 à 65 Kč ; plats : de 125 à 185 Kč.

KANTÝNA
Viande (49) Plan I8

Bienvenue au royaume de la viande ! On pénètre dans cette ancienne banque aux volumes XXL en traversant une première salle qui fait office de boucherie. Puis on arrive dans une grande pièce avec cuisine ouverte où trône une immense table d'hôte en marbre. Pas la peine de chercher les chaises, ici on mange debout ! Les morceaux de viande choisis auparavant arrivent grillés et encore brûlants sur un plateau. Après ? Direction la salle du fond pour une petite bière.

Politických vězňů 1511/5 • M° Můstek • www.kantyna.ambi.cz • T.l.j. 11h30-23h • Prix : au poids (de 98 à 195 Kč les 100 g de viande cuisinée) ; burgers : 158 Kč ; dîner en 10 plats, boisson incluse : 1 250 Kč.

KAVÁRNA VELRYBA
Café (50) Plan C3

Comme Jonas, plongez dans le ventre de « La Baleine » *(velryba)*

Kantýna

et découvrez l'un des meilleurs « cafés-galeries » de la ville. Le Tout-Prague littéraire et artistique s'y retrouve pour lire la presse et pour se restaurer de plats végétariens ou non, à des prix défiant toute concurrence. Les habitués s'installent dans la salle du fond, plus cosy avec ses fauteuils et ses tables basses.
Opatovická 24 • M° Staroměstská, puis tram 9, 18 ou 22, arrêt Národní třída • ☎ 224 931 444 • www.kavarnavelryba.cz • Lun.-ven. 11h-23h, sam.-dim. fermé • Plats du jour : de 115 à 125 Kč ; plats : de 179 à 279 Kč.

MYŠÁK
Salon de thé (51) Plan I8

Cette pâtisserie pragoise, célèbre depuis sa création en 1911, vient d'être relookée. L'endroit, immense et sur deux étages, en jette. Dans les assiettes ? Du très, très bon qui respecte la tradition tchèque tout en la remettant au goût du jour. Parmi ses succès : les pancakes à la crème, les dumplings aux fruits et les sundaes au caramel (165 Kč). Côté salé, rien ne vaut leurs canapés *(chlebíčky)*.
Vodičkova 710/31 • M° Můstek • ☎ 730 589 249 • www.mysak.ambi.cz • Lun.-ven. 7h30-19h, w.-e. 9h-19h • Formule petit déj. : de 135 à 265 Kč ; limonade : 55 Kč.

BÍLÁ KRÁVA
Brasserie (52) Plan D3

Le propriétaire, amoureux des charolaises, vend ici le fruit de son élevage (sur commande). Viandes et service excellents à des prix raisonnables. L'ambiance champêtre est bien sûr assurée par des charolaises peintes aux murs ! Du côté de la carte des vins, mieux vaut ignorer les cépages français pour un vin tchèque, tout aussi bon et moins cher.
Rubešova 10 • M° Muzeum ou tram 11, arrêt Muzeum • ☎ 224 239 570 • www.bilakrava.cz • Lun.-ven. 11h30-23h, sam. 17h-23h • Plats : de 225 à 695 Kč.

OLIVER'S COFFEE CUP
Coffee shop (53) Plan D3

Quelle ne fut pas notre surprise en découvrant cet agréable café au premier étage d'une galerie marchande ! Mobilier en bois aux lignes scandinaves, fauteuils et canapés moelleux... Oliver's Coffee Cup offre une pause

Oliver's Coffee Cup, p. 119

bienvenue à ceux qui arpentent la grande place Venceslas. On fait une halte ici pour boire un *café latte* (79 Kč) ou une limonade maison (69 Kč). À la carte également, sandwichs, quiches (79 Kč) et gâteaux faits maison.

Václavské náměstí 804/58 • M° Muzeum • ☎ 234 101 138 • www.oliverscoffeecup.cz • Lun.-ven. 8h30-20h30, sam.-dim. 9h-20h • Gâteaux : à partir de 65 Kč.

VOIR AUSSI :

Ovocný Světozor | p. 78
| 54 Plan I8

Kavárna Slavia | p. 80
| 55 Plan G8

Karlovo náměstí (Quartier 10 - p. 82)

IF CAFÉ II
Coffee shop 56 Plan D4

Avis aux gourmands ! Voici un joli salon de thé à la déco scandinave, avec carreaux de ciment aux tons verts et bleus, et chaises en bois. Les pâtisseries préparées par la chef Iveta Fabešová, que l'on aperçoit en cuisine, sont parfaitement alignées dans la vitrine du comptoir, si bien que l'on ne sait que choisir : gâteau mousseux à la pistache ou tarte au citron meringuée ? Le lieu propose aussi à toute heure quiches, salades et croque-monsieur.

Tylovo náměstí 2 • M° I. P. Pavlova • ifcafe@ivetafabesova.cz • www.ifcafe.cz • T.l.j. 8h-20h • Plats : de 99 à 169 Kč ; pâtisseries : de 50 à 135 Kč.

SWEET & PEPPERS DAYS
Coffee shop 57 Plan D4

Veronika et son cousin Dominik tiennent ce joli café où l'on vient dès le petit déjeuner savourer des gâteaux dans de confortables fauteuils chinés ou sur la terrasse aux beaux jours. Aidés par leur famille, les deux compères préparent aussi sandwichs, burgers, bruschettas et salades que l'on peut manger à n'importe quelle heure de la journée. Le menu change chaque mois : italien, tex-mex, bohemian...

Anglická 19 • M° Náměstí Míru • ☎ 773 240 535 • www.sweetandpepperdays.cz • T.l.j. 9h-22h • Petit déj. anglais complet : 219 Kč ; plats : de 189 à 209 Kč ; salades : env. 189 Kč.

U EMY DESTINNOVÉ
Brasserie ⑤⑧ Plan D4

Ambiance jazzy dans ce restaurant feutré. Au choix, installez-vous à table ou sur un sofa, devant une table basse. Baigné dans une lumière jaune qui provient des fenêtres au ras du trottoir, vous serez servi impeccablement. Les plats du monde, très copieux, devraient vous ravir.
Kateřinská 7 • M° I. P. Pavlova • ☎ 224 918 425 • www.uemydestinnove.cz • Lun.-ven. 11h-23h, sam. 18h-23h30 • Plats : de 209 à 479 Kč ; salades : de 169 à 215 Kč ; cheesecake : 109 Kč.

PEKARNA PRAKTIKA
Boulangerie ⑤⑨ Plan D4

On murmure que c'est la meilleure boulangerie de la ville. En tout cas, leur mini-bun au blé et à la polenta est un régal et mérite à lui seul le détour. Tout est fabriqué sur place de manière traditionnelle, avec du levain naturel et des farines bio. Résultat ? Des pains au seigle, au sarrasin ou au blé qui s'écoulent

Pekarna Praktika

rapidement ! Si vous n'êtes pas pressé, vous pourrez même vous y installer pour commander un de leurs sandwichs grillés (105-125 Kč).
Bělehradská 990/66 • M° I. P. Pavlova • ☎ 735 613 135 • www.pekarnapraktika.cz • Lun.-ven. 8h-18h • Formule bun (ou 2 tranches de pain) + beurre + confiture : 85 Kč ; pain (700 g) : 90 Kč.

VOIR AUSSI :
U Kalicha | p. 84 | ⑥⓪ Plan D4

Vyšehrad (Quartier 11 – p. 86)

WINE FOOD MARKET
Marché ⑥① Plan C5

Le Wine Food Market, sur la rive gauche de la Vltava, est gorgé de soleil italien. C'est sans doute pourquoi les Pragois, toutes catégories sociales confondues, l'ont adopté. Le concept ? Un marché et un supermarché (t.l.j. 9h-21h) qui s'articulent autour d'une cour remplie de petits stands. On commande et on s'installe autour de longues tables en bois. Du jeudi au dimanche, un pianiste joue en live, accompagnant le merle qui chante à tue-tête depuis sa cage.

Herbivore

Strakonická 1 • M° Smíchovské nádraží • ☎ 733 338 650 • www.winemarket.cz **Restaurant :** lun.-sam. 7h-23h, dim. 8h-23h (cuisines ouvertes 11h30-22h). **Épicerie :** t.l.j. 9h-21h • Plats : de 179 à 399 Kč.

HERBIVORE
Végétarien (62) Plan C5

Située au bord de la Vltava, cette cantine-épicerie végétarienne permet de faire le plein de vitamines ! On compose son assiette au buffet, dont le menu change selon l'humeur du chef : houmous, aubergines marinées, courgettes farcies, taboulé ou encore falafels. Et on accompagne le tout d'un jus pressé minute ou d'un smoothie – notamment ce *Banana Cream* à la banane, boisson d'avoine et cannelle (95 Kč). À siroter tranquillement en terrasse l'été !

Rašínovo nábřeží 409/34 • M° Karlovo náměstí • ☎ 733 474 031 • www.herbivore.cz • Lun.-sam. 9h30-20h, dim. 9h30-17h • Buffet : 49 Kč les 100 g ; soupes : 59 Kč.

VOIR AUSSI :

U Kroka | p. 87 | (63) Plan C5

Karlín et Žižkov (Quartier 12 – p. 88)

KRYSTAL MOZAIKA BISTRO
Brasserie (64) Plan F1

Un peu excentré, le Krystal Mozaika Bistro n'en est pas moins une bonne adresse à l'écart du flot des touristes. Dans ce décor aux airs de brasserie du XXIe s., la cuisine tchèque a des accents « à la française » avec, par exemple, la soupe à l'oignon (118 Kč). Les produits viennent de producteurs locaux.

Sokolovská 99/101 • M° Křižíkova • ☎ 666 064 488 • www.krystal-bistro.cz • Lun.-ven. 11h30-14h30 et 17h30-23h, sam.-dim. 12h-23h • Plats : de 208 à 390 Kč.

OBLACA RESTAURANT
Brasserie (65) Plan F3

Dominant Prague, cette ancienne tour de télévision offre un merveilleux panorama sur la ville, mais aussi un bar, un bistrot et un restaurant (ainsi qu'une chambre d'hôtel au prix aussi vertigineux que sa hauteur !). Le restaurant propose une cuisine tchèque moderne ; et le bar, de délicieux cocktails.

Tour de télévision, Mahlerovy sady 1 • M° Jiřího z Poděbrad • ☎ 210 320 086 • www.towerpark.cz
Restaurant : t.l.j. 11h30-minuit • Plats : de 355 à 695 Kč.
Bar : t.l.j. 10h-minuit • Cocktails : de 195 à 265 Kč.
Observatoire : 9h-minuit.

BISTRO PROTI PROUDU
Bistrot (66) Plan F1

In coffee We Trust (« En le café nous croyons »), telle est la devise de cette belle adresse. Déco scandinave épurée, équipe accueillante et petits plats maison à tomber constituent la formule gagnante du lieu. À la carte, un plat du jour qui change selon l'humeur du chef (poulet tikka masala, wrap au poulet, club-sandwich) et des pâtisseries maison. Le petit déjeuner mérite aussi le détour avec ses œufs à la coque, granola et fruits frais.

Březinova 22 • M° Křižíkova • ☎ 728 036 171 • www.bistroproti proudu.cz • Lun.-ven. 8h30-22h, sam. 9h-18h • Petits plats : de 99 à 130 Kč ; petit déj. : de 90 à 200 Kč ; carrot cake : 90 Kč.

BOHO CAFÉ & STORE
Café et cantine (67) Plan F3

Entre boutique et café, Patricia, la propriétaire, n'a pas voulu choisir. Résultat ? On s'attable dans une très jolie salle au milieu d'étagères remplies d'objets et de vêtements ! Vite adopté par les gens du quartier, c'est devenu un repaire cosy pour se retrouver autour d'un café, d'un jus ou d'un verre de vin. Une petite faim ?

Bistro Proti Proudu

Essayez le carrot cake (89 Kč), l'assiette de fromages, le *baba ganoush* (125 Kč) ou le houmous. **Ondříčkova, 2361/6 • M° Jiřího z Poděbrad • ☎ 222 946 162 • www.boho.cz • Lun.-ven. 14h-23h, sam. 11h-23h.**

DISH
Burgers ⑥⑧ Plan E3

Derrière le grand comptoir en carreaux blancs, les cuisiniers s'affairent à préparer des burgers de haut vol, la spécialité de la maison. À déguster assis autour de tables en bois, sur des chaises dépareillées façon bistrot, ou bien à emporter, faites comme il vous plaira. Si les recettes au bœuf ont la cote (à partir de 209 Kč), on peut sortir des sentiers battus avec le burger veggie aux champignons portobello (209 Kč). **Římská 29 • M° Náměstí Míru • ☎ 222 511 032 • www.dish.cz • Lun.-sam. 11h-22h, dim. 12h-22h • Résa vivement conseillée • Burgers : de 209 à 229 Kč ; salades : de 119 à 129 Kč.**

ZMRZLINÁŘ
Glaces ⑥⑨ Plan E4

Difficile de résister aux boules glacées de ce glacier installé tout près du parc Svatopluka Čecha. Quatre parfums restent toujours à la carte (vanille, chocolat, fraise et pistache), tandis que les douze autres varient en fonction des saisons. Notez que certaines recettes sont adaptées aux végétaliens et aux intolérants au lactose et au gluten. **Slezská 15 • M° Náměstí Míru ou Jiřího z Poděbrad • ☎ 733 785 657 • www.zmrzlinar.cz • Été : lun.-dim. 13h-19h, hiver : jeu.-dim. 13h-19h • Boule de glace : 35 Kč.**

LA BOHÈME CAFÉ
Café/salon de thé ⑦⓪ Plan E4

Avec ses fauteuils moelleux et ses innombrables thés à la carte, La Bohème Café a quelque chose de très *British*. Pourtant, à l'origine de ce lieu, il y a une compagnie experte du café qui torréfie ses grains sur place. Alors faites confiance aux baristas et aux serveurs pour vous aider à choisir lequel déguster : plutôt *cold brew*, *aeropress*, *chemex*, expresso ou *latte* ? À accompagner d'une part de cake pour un vrai *teatime* cosy, entouré de livres et de plantes ! **Sázavská 2031/32 • M° Náměstí Míru • ☎ 734 207 049 • www.labohemecafe.eu • T.l.j. 8h-20h (10h le w.-e.) • Gâteaux : à partir de 65 Kč ; thés : de 55 à 105 Kč ; expresso : 50 Kč.**

COFFEE ROOM
Coffee shop ⑦① Plan F4

On file dans ce joli coffee shop dès 8h (9h le samedi) pour déguster leurs délicieux petits déjeuners (servis jusqu'à 12h pour les lève-tard). Au menu : toasts d'avocat, grenade et fromage de chèvre (115 Kč), granola maison (125 Kč) ou *banana bread* servi avec beurre de cacahuète, fruits frais et sirop d'érable (95 Kč). Un délice !

Eska

Korunní 1208/74 • M° Jiřího z Poděbrad • ☎ 736 171 990 • http://coffeeroom.cz • Lun.-ven. 8h-18h30, sam. 9h-18h, dim. 9h30-17h • Petits plats : de 99 à 150 Kč.

ESKA
Bistrot ⑦② Plan F2

Coup de cœur assuré pour cette très belle adresse située à deux pas de la colline de Vítkov. Au rez-de-chaussée, les cuisines, la boulangerie et l'épicerie où l'on peut commander son café à emporter, bruncher sur la grande table d'hôte en bois ou acheter sa baguette de pain. À l'étage, le restaurant est sous une verrière. Le « menu du chef » y est assurément la meilleure option : chaque jour, il sélectionne cinq des plats à la carte. Par exemple : le magret de canard aux petits pois (425 Kč) ou encore tartare de bœuf et échalote (328 Kč)... Vous pouvez lui faire confiance !

Pernerova 49 • M° Křižíkova • ☎ 731 140 884 • http://eska.ambi.cz **Restaurant :** lun.-ven. 8h-23h30, sam.-dim. 9h-23h30 • Plats : de 265 à 498 Kč ; menu : à partir de 200 Kč ; menu du chef (5 plats) : 720 Kč ; menu dégustation (8 plats) : 1 850 Kč. **Épicerie :** lun.-sam. 7h30-18h.

MOMOICHI COFFETEARIA
Asiatique ⑦③ Plan E3/4

Vous aimez le thé, le matcha, le bon café et les *soba* ? Vous allez adorer cette brasserie zen aux influences asiatiques ! Baignée de lumière et décorée de lanternes, elle possède plus d'un atout : produits de qualité, service adorable et une carte de mets

inhabituels pour Prague. Entre l'*okonomiyaki* (omelette japonaise), les *gyoza* (135 Kč), le poulet au curry jaune et les gaufres au matcha, les surprises gustatives sont garanties !
Římská 1199/35 • M° Muzeum • ☎ 721 364 002 • www.momoichi.cz • Lun.-ven. 11h30-22h, sam. 9h-22h, dim. 9h-18h • Plats : de 135 à 335 Kč ; *matcha latte* : 95 Kč.

MUJ SALEK KAVY
Coffee shop ⑭ Plan F1

Peu importe l'heure de la journée, il y a toujours une bonne raison de venir dans ce café cosy situé à l'angle des rues Křižíkova et Šaldova. Qu'on y déguste un café le matin, une omelette (150 Kč), une soupe du jour (60 Kč), un ragoût de bœuf coréen (160 Kč), ou encore des sandwichs (160 Kč), on aime cette ambiance de café de quartier option branchée. Ne repartez pas sans essayer leur « *tasting flight* » : 3 cafés de dégustation qui devraient combler les amateurs les plus exigeants (150 Kč).
Křižíkova 386/105 • M° Křižíkova • ☎ 725 556 944 • www.mujsalekkavy.cz • Lun.-sam. 9h-22h, dim. 10h-18h.

VOIR AUSSI :
Guston | p. 91 | ⑮ Plan F2

Holešovice (Quartier 13 - p. 94)

CAFÉ JEDNA
Café ⑯ Plan D1

Voici un café qui offre un cadre de choix : situé dans le Veletržní palác, musée d'Art contemporain, le Café Jedna a de l'allure avec sa structure très haute de plafond, ses larges baies vitrées et ses plantes disposées un peu partout. On vient ici boire un café (expresso 45 Kč) dans l'un des confortables fauteuils mis à disposition, ou manger un sandwich (de 75 à 95 Kč) en terrasse. De quoi prendre des forces avant d'aller visiter le musée !
Veletržní palác, Dukelských hrdinů 530/47 • M° Vltavská • ☎ 778 440 877 • http://cafejedna.cz • T.l.j. 9h30-23h • Petits plats : de 75 à 165 Kč.

Letenský zámeček

Bistro 8

LETENSKÝ ZÁMEČEK (LETNÁ BEER GARDEN)
Terrasse (77) Plan D1

Voici certainement l'un des meilleurs spots en plein air pour profiter des beaux jours. Installé en plein cœur du parc de Letná, ce *Biergarten* à la mode berlinoise permet de boire une bière Pilsner Urquell (70 Kč le demi) en plein air et de grignoter quelques snacks sur le pouce (hot-dogs, sandwichs, etc.). Pour ceux qui voudraient un repas plus complet, le restaurant sert grillades (à partir de 120 Kč), plats et salades (salade de poulet à l'aneth : 185 Kč). En prime, une vue imprenable sur tout Prague.

Letenské sady 341 • M° Vltavská • ☎ 233 378 200 • www.letenskyzamecek.cz • T.l.j. 11h-23h • Snacks : à partir de 90 Kč ; plats : de 210 à 355 Kč.

BISTRO 8
Coffee shop (78) Plan D1

Bistro 8, c'est la parfaite cantine de quartier que l'on aimerait tous avoir en bas de chez soi. Au programme : déco chinée avec mobilier en Formica, fleurs fraîches sur les tables, tableaux d'artistes aux murs et cuisine maison. Le menu est concocté à partir de produits frais et change tous les jours. Ainsi, selon le moment où vous passez, vous pourrez déguster tantôt une part de quiche chèvre-épinards (64 Kč), tantôt un sandwich.

Veverkova 8 • M° Vltavská • ☎ 730 511 973 • www.bistro8.cz • Lun.-ven. 8h-21h, sam.-dim. 10h-16h • Plats : de 89 à 180 Kč ; petit déj. : de 89 à 138 Kč ; brunch le w.-e. : 180 Kč ; sandwichs : de 58 à 68 Kč.

MR. HOTDOG
Street food ⑲ Plan D1

Forcément, vous aurez deviné la spécialité de cette adresse : le hot-dog ! Ici, le sandwich d'origine allemande est décliné à toutes les sauces : saucisse de bœuf, oignons caramélisés, bacon et chili ketchup dans le « New York » (115 Kč) ; saucisse grillée de porc et bœuf, cheddar, oignons blancs et chili pepper dans le « Chili-Cheese Dog » (125 Kč)... À accompagner de l'un des 5 cocktails à la carte : bloody mary (129 Kč) ou margarita (149 Kč), selon les goûts.

Kamenická 24 • M° Vltavská • ☎ 732 732 404 • www.mrhotdog.cz • T.l.j. 11h30-22h • Hot-dogs : de 59 à 139 Kč.

SALT'N'PEPA
Burgers ⑳ Plan D1

Avant d'être un restaurant, Salt'n'Peppa était un food truck. D'ailleurs, vous l'apercevrez peut-être, garé juste devant ! Les burgers qui ont fait son succès sont bien sûr à la carte (185 Kč le *pulled pork burger*), désormais concurrencés par d'autres plats, dont certains typiquement slovaques, clin d'œil aux origines des créateurs du lieu. Essayez le *bryndzové halušky* : des gnocchis aux pommes de terre et au fromage de brebis (150 Kč).

Milady Horákové 462/22 • M° Vltavská • ☎ 608 633 739 • www.facebook.com/SaltnPepaKitchen/ • Lun.-ven. 11h-22h (23h jeu. et ven.), sam. 10h-23h, dim. 10h-18h.

PHILL'S CORNER
Coffee shop
(81) Hors plan par F1 et carte p. 94

À la fois boulangerie, cantine et bar, Phill's Corner est l'endroit parfait où venir prendre son petit déjeuner dès 7h30 (9h le dim.), déguster un plat du jour le midi ou boire un verre le soir. À la carte, du fait maison préparé à partir de produits de la région. Avant ou après le déjeuner, ne manquez pas de faire un tour à la boutique design **Konsepti** (p. 185), accolée au café.

Komunardů 894/32 • M° Nádraží Holešovice • ☎ 731 836 988 • www.phillscorner.cz • Lun.-ven. 7h30-22, dim. 9h-22h (f. sam.) • Plats : de 135 à 189 Kč ; sandwichs : de 165 à 179 Kč ; petit déj. : de 45 à 150 Kč ; expresso : 40 Kč.

VOIR AUSSI :
Café Letka I p. 96 I (82) Plan D1

En dehors des quartiers de visite

CAFÉ IMPERIAL
Traditionnel (83) Plan D2

Mosaïques, piliers en céramique, pâtes de verre... difficile de garder ses yeux sur la table tant la décoration capte l'attention ! L'assiette est honnête et le service attentif (rare à Prague !). On mange un bon plat du jour

Café Imperial

et des pâtisseries crémeuses (de 95 à 167 Kč) imaginées par Zdeněk Pohlreich, chef et copropriétaire de ce lieu.
Na Poříčí 15 • M° Náměstí Republiky • ☎ 246 011 440 • www.cafeimperial.cz • T.l.j. 7h-23h • Plats : de 255 à 425 Kč.

SANSHO
Asiatique (84) Plan D2

Le chef anglais Paul Day, ancien sous-chef du restaurant Nobu de Londres, a posé ses casseroles à Prague pour ravir les palais avec sa cuisine asiatique. Ancien boucher, notamment à Chinatown, il s'approvisionne auprès de fermiers locaux et sur les marchés vietnamiens. Ses plats offrent un feu d'artifice dans la bouche. Un vrai coup de cœur, qui vaut également pour la décoration et le service, impeccable.
Petrská 25 • M° Náměstí Republiky ou Florenc • ☎ 739 592 336 • www.sansho.cz • Lun.-sam. 11h30-15h et 18h-23h, fermé dim. • Entrées : de 175 à 265 Kč ; plats : de 190 à 800 Kč ; desserts : de 120 à 155 Kč ; menu 6 plats : de 900 à 1 200 Kč.

EMA ESPRESSO BAR
Coffee shop (86) Plan D2

Prague n'échappe pas à la mode des coffee shops, et c'est tant mieux. Dans cette agréable adresse, on s'installe autour de la grande table d'hôte centrale pour déguster sandwichs toastés, gâteaux au chocolat, riz au lait et, bien sûr, une tasse de café. Expresso (50 Kč), *macchiato* (55 Kč), *latte* (65 Kč) ou *americano* (55 Kč) : les amateurs de petit noir devraient trouver leur bonheur !
Na Florenci 3 • M° Náměstí Republiky • ☎ 730 156 933 • www.emaespresso bar.cz • Lun.-ven. 8h-20h, sam.-dim. 10h-18h • Sandwichs : 95 Kč ; desserts : 60 Kč.

Bars, clubs & sorties

PAR QUARTIER

Les coups de cœur DE NOTRE AUTEUR 2020

Prague, cité nocturne, cela ne fait aucun doute. On connaissait de la capitale tchèque ses fameuses brasseries (Pilsner Urquell, Staropramen, etc.), ses clubs de jazz et ses concerts de musique classique. Mais saviez-vous que la ville était aussi passée experte en mixologie ? Que des clubs à la déco et au concept insolites y avaient vu le jour ? Que les bars à vins proposent d'excellents crus locaux ? Céline vous livre ses coups de cœur pour 2020.

VINOGRAF

Je viens ici pour les vins locaux triés sur le volet par la sommelière du lieu. Voir p. 60.

BIO OKO

Boire un verre au ciné : mon rêve se réalise ! Voir p. 155.

Bio Oko

L'Fleur

L'FLEUR

Quelle joie de siroter un cocktail dans ce bar Art déco ! Voir p. 142.

PALÁC AKROPOLIS

J'ai toujours été impressionnée par cette salle de spectacles au décor surréaliste. Voir p. 152.

ALFRED VE DVOŘE

Ma toute dernière découverte théâtrale. Je garde toujours un œil sur la programmation pointue de ce théâtre planqué. Voir p. 156.

À SAVOIR

VIE NOCTURNE

Les Pragois aiment se retrouver le soir autour d'une bière (ou de plusieurs !). Faites comme eux et rendez-vous dans un bar à bières, ***pivnice,*** pour goûter à une *pivo z tanku* (bière en fût). Les meilleures adresses étant souvent bondées, vous devrez sans doute partager une table. Le serveur note les consommations sur un petit morceau de papier (ne le perdez pas) et, à la fin, il fera l'addition. Dans certains lieux, on vous servira automatiquement une autre bière en voyant votre verre vide. Pour éviter cette surprise, posez le sous-bock sur votre verre.
Enfin, les clubs de jazz s'animent vers 21h ; et les boîtes de nuit, vers 23h. Ces dernières ferment entre 3h et 5h.

OÙ SORTIR ?

Entre **Nové Město** et **Staré Město,** les adresses pour oiseaux de nuit fourmillent. La scène plus alternative se concentre en partie dans la rue **Krymská** (E4/F4), bordée de bars.
L'été, les Pragois envahissent les quais **Náplavka,** le long de la Vltava (C4), où de nombreux petits stands s'installent avec une sono. Les ***beer gardens*** estivaux ont aussi la cote à **Letenské sady** (p. 97) et à **Riegrovy sady** (p. 90).
Bon à savoir, les tarifs d'entrée des clubs ne sont pas élevés, pas plus que les boissons. Pour sortir, adoptez le look décontracté des Pragois.

RÉSERVER UN SPECTACLE

Consultez les sites des salles de concerts, théâtres et Opéras, ainsi que ceux des organismes qui vendent des billets.
Ticketmaster : Prague City Tourism, Rytířská 12 - H7, www.ticketmaster.cz, t.l.j. 9h-19h.
Bohemia Ticket : point de vente à l'agence de voyages Čedok, Na Příkopě 18 - I7, www.bohemiaticket.cz

SE REPÉRER

Chaque adresse de lieu de sortie est associée à une pastille violette numérotée. Vous retrouverez toutes les adresses positionnées sur le plan détachable.

Bars, clubs & sorties PAR QUARTIER

Staré Město, côté pont Charles (Quartier 1 - p. 24)

HEMINGWAY BAR
Bar à cocktails ② Plan G8

Dans la grande famille des bars à cocktails de Prague, le Hemingway Bar figure parmi les institutions. Il faut dire qu'Aleš, le propriétaire des lieux, est l'un des mixologues les plus respectés de Prague. Dans une ambiance de club anglais avec fauteuils en cuir et vieilles armoires en bois, on vient siroter ses délicieuses mixtures (235-295 Kč).
Karolíny Světlé 26 • M° Národní třída • ☎ 773 974 764 • www.hemingwaybar.cz • Lun.-jeu. 17h-1h, ven. 17h-2h, sam. 19h-2h, dim. 19h-1h.

THÉÂTRE NATIONAL DE MARIONNETTES
Marionnettes ③ Plan G7

Vous connaissez *Don Giovanni* ? Ici, les marionnettes en costume d'époque sont de vraies œuvres d'art (p. 157), et les guideurs de véritables artistes qui exécutent un spectacle du XVIIIe s. Vous pouvez aussi admirer *La Flûte enchantée* de Mozart (jour et horaire sur le site Internet).
Žatecká 1 • M° Staroměstská • ☎ 224 819 322/323/324 ou 724 367 126 • www.mozart.cz • Billetterie : t.l.j. 10h-20h • Spectacle : se rens. sur le site Internet • Places : de 490 à 590 Kč.

SV. MARTIN VE ZDI
Musique classique
④ Plan H8

Saint-Martin-dans-le-Mur

Tous les lundis, mardis, vendredis et samedis (uniquement les lundis et samedis en septembre) se produisent des orchestres de chambre. On y écoute aussi de l'orgue accompagné de trompette. Au programme : « The Best of Classic ». Ces concerts sont l'unique occasion de visiter l'église, dont le mur sud est curieusement encastré dans ceux de la Vieille Ville depuis le XVIIIe s., d'où son nom, Saint-Martin-dans-le-Mur.

Hemingway Bar

Martinská 8 • M° Můstek • ☎ 224 224 706 • www.martinvezdi.eu • Billets sur place, auprès des agences (p. 132), ou sur www.classicconcertstickets.com

TA FANTASTIKA - PALÁC UNITARIA
Marionnettes ⑤ Plan G7

À l'affiche, *Alice*. Sortie des pages de Lewis Carroll, cette Alice au pays des merveilles quitte l'enfance pour entrer dans l'adolescence. Elle y découvre l'amour et la maturité au gré des rires et des larmes, de la joie et de la tristesse. Le spectacle s'accompagne de notes de Smetana et de Dvořák, de marionnettes et de dessins animés...
Karlova 8 • M° Staroměstská • ☎ 222 221 364 ou 222 221 369 • www.tafantastika.cz • Billetterie : lun.-ven. 10h-16h • Spectacle : t.l.j. à 19h et 21h30 • Places : 720 Kč.

CASH ONLY BAR
Bar à cocktails ⑥ Plan G8

Avis aux connaisseurs en mixologie qui cherchent une ambiance décontractée : on vient ici déguster de délicieux cocktails en jean-baskets plutôt qu'en costume trois-pièces. Les breuvages préparés par une armada de barmans s'accompagnent de hot-dogs (145 Kč) et de pop-corn (105 Kč).
Liliová 3 • M° Národní třída • ☎ 778 087 117 • www.cashonlybar.cz • Dim.-mar. 18h-1h, mer.-sam. 18h-2h • Bières (33 cl) : à partir de 75 Kč ; cocktails : de 180 à 300 Kč.

U KUNŠTÁTŮ
Bar à bières ⑦ Plan G7

Niché en plein centre-ville dans le jardin d'un immeuble du XIIe s. (p. 29), c'est le rendez-vous des amateurs de bières microbrassées. Au menu : une centaine de références houblonnées allant des blondes typiques aux ale des hipsters. Les néophytes sont ici plus que bienvenus car, chaque jour, le bar propose des *beer tastings* : 1 h 30 de cours pour déguster 11 bières locales et s'initier à cette boisson si prisée des Tchèques (voir aussi p. 158).
Řetězová 222/3 • M° Staroměstská/Můstek • ☎ 601 353 776 • www.ukunstatu.cz • T.l.j. 14h-23h • Bière pression : à partir de 30 Kč ; *beer tasting* : 800 Kč, t.l.j. à 18h (il est prudent de réserver).

Staré Město, au cœur de la Vieille Ville (Quartier 2 - p. 32)

AGHARTA
Club de jazz ⑧ Plan H7

Ouvert en 1991 et organisateur de l'International Prague Jazz Festival, l'AghaRTA est considéré comme l'un des meilleurs clubs de jazz de Prague. Il a depuis déménagé dans de belles salles voûtées en pierres apparentes. Sa programmation variée accorde une très large part aux ensembles tchèques de qualité. Parmi les artistes régulièrement invités, vous aurez peut-être la chance d'entendre Emil Viklický Trio ou Jiří Stivín & Co. Le club dispose également d'une boutique qui offre un grand choix de CD ainsi qu'un joli T-shirt AghaRTA signé Jiří Votruba.

Železná 16 • M° Můstek • ☎ 222 211 275 • www.agharta.cz

Bar : t.l.j. 20h-minuit • Cocktails : de 95 à 175 Kč.

Concerts : t.l.j. 21h-minuit • Entrée : 250 Kč (peut varier selon les concerts).

STAVOVSKÉ DIVADLO
Musique classique ⑨ Plan H7

Théâtre des États

C'est dans ce théâtre que fut créé le magnifique *Don Giovanni* de Mozart (p. 161). Les grands opéras de ce dernier figurent légitimement en permanence au programme. Admirez les décors !

Ovocný trh 1 • M° Můstek • ☎ 224 901 448 • www.narodni-divadlo.cz • Billetterie (Železná 24) : t.l.j. 10h-18h et 45 min avant le spectacle • Places : de 160 à 1 290 Kč.

BLACK LIGHT THEATRE
Théâtre noir ⑩ Plan H7

Deux spectacles de théâtre noir (voir encadré p. 134) sont au programme. *Faust* raconte la légende d'un homme qui voulut pactiser avec le diable pour obtenir le savoir, le pouvoir et l'éternité. *Colours Dreams of Dr. Frankenstein* évoque la quête du docteur pour la création d'un homme artificiel au cours de laquelle il fait appel

AghaRTA

Notre top
DES BARS À COCKTAILS

Avis aux amateurs de spiritueux et de breuvages de haut vol : les *bartenders* se sont emparés de Prague ! Depuis quelques années, une nouvelle génération de mixologues a vu le jour, maniant le shaker comme personne. Si certains mélanges peuvent étonner au premier abord, laissez-vous conseiller par ces experts : vous serez toujours agréablement surpris.

PARLOUR

Prenez place dans l'un des fauteuils club et dégustez. Voir p. 148, **Nové Město.**

VLKOVA 26

Le lieu idéal pour siroter un cocktail en écoutant des DJ sets ! Voir p. 152, **Žižkov.**

BUGSY'S BAR

Ici, on « shake » en chemise blanche et nœud papillon. Voir p. 140, **Josefov.**

HEMINGWAY BAR

Cette institution vous fera voyager dans la Prague des années 1930. Voir p. 133, **Staré Město.**

BONVIVANT'S CTC

Quand la mixologie devient un art. Voir p. 151, **Nové Město.**

COBRA

Barmans tatoués, DJ sets et ambiance garantie chaque soir. Voir p. 155, **Holešovice.**

Théâtre noir

Depuis que Pierrot est né de l'imagination de Jean-Baptiste Gaspard Deburau (fils d'une Tchèque et d'un Français, né en 1796 à Kolín en Bohême centrale), l'art de la pantomime se transmet dans le pays comme un héritage précieux. S'il vous reste une soirée libre, passez-la sans hésiter devant un spectacle de théâtre noir. Pas de problème de langue, c'est de la poésie pure. Sur un fond noir, des acteurs tout de noir vêtus font naître des saynètes étonnantes en agitant des objets fluorescents. Entre ballet et pantomime. Effet comique garanti.

à de nombreux personnages dont l'Homme invisible, Sherlock Holmes et Dracula ! C'est drôle et poétique à la fois, idéal pour toute la famille.

Rytířská 31 • M° Můstek • ☎ 224 212 810 ou 725 830 655 • www.blacktheatre.cz • Billetterie : mars-oct. t.l.j. 10h-20h30 ; nov.-fév. lun.-mer. 12h-19h, jeu.-sam. 12h-20h30 • Spectacle : mars-oct. t.l.j. à 20h30 ; voir le site Internet pour le reste de l'année • Places : de 490 à 550 Kč.

ČERNÉ DIVADLO JIŘÍHO SRNCE
Théâtre noir ⑪ Plan I7

Créé en 1961 par Jiří Srnec, le Černé divadlo Jiřího Srnce est le premier théâtre noir au monde (voir encadré ci-dessus). La troupe joue avec talent un best of fait d'extraits de spectacles conçus par le génial Srnec, adulé par tous les Tchèques. Émotions garanties !

Na Příkopě 10 • M° Můstek • ☎ 774 574 475 • www.srnectheatre.com • Billetterie : t.l.j. 10h-20h • Spectacle : t.l.j. à 20h • Places : 599 Kč.

TÝNSKÁ LITERÁRNÍ KAVÁRNA
Pub ⑫ Plan H7

Un sympathique bar de quartier où l'on vient siroter une bière artisanale sous les voûtes – le bâtiment date du Moyen Âge. Le lieu est très prisé par les étudiants, artistes et écrivains qui s'y retrouvent pour débattre parfois pendant des heures.

Týnská 6 • M° Náměstí Republiky ou Staroměstská • ☎ 226 827 807 • www.tynskakavarna.cz • T.l.j. 11h-23h • Bières : de 36 à 44 Kč ; toast : 79 Kč.

MAISON MUNICIPALE, SALLE SMETANA
Musique classique ⑬ Plan I7

Obecní dům

La Maison municipale (p. 32) abrite la prestigieuse salle Smetana, l'une des plus grandes salles de spectacle de la ville (1 500 places). Ornée de sculptures et de fresques dédiées aux compositeurs tchèques, elle accueille souvent l'Orchestre symphonique de Prague.

Maison municipale, Náměstí Republiky 5 • M° Náměstí Republiky • ☎ 222 002 101 • www.obecnidum.cz • Billetterie : t.l.j. 10h-20h • Places : de 750 à 1 300 Kč.

SV. JAKUB
Musique classique ⑭ Plan I7

Église Saint-Jacques

Dotée d'un orgue d'excellente facture, cette église baroque est connue pour son acoustique et pour sa messe de Noël *(Česká mše vánoční Hej Mistře)* donnée le 24 décembre à minuit et le 26 décembre à 10h30. Le programme des concerts est affiché à l'entrée de l'église.

Malá Štupartská 6 • M° Náměstí Republiky • ☎ 224 828 814 ou 224 828 816 • www.praha.minorite.cz • Billets sur place ou auprès des agences (p. 132).

Josefov (Quartier 3 - p. 44)

NOD
Bar alternatif ⑮ Plan I6

Au-dessus du club Roxy, au premier étage, le café-bar NoD est le rendez-vous des arty de Prague. Concerts, expositions, performances, projections de films et soirées s'y déroulent. Tous les âges s'y mêlent dans une ambiance très sympathique et alternative.

Les meilleurs lieux OÙ ÉCOUTER DE LA MUSIQUE CLASSIQUE

À Prague, la musique est partout chez elle. Les églises font presque toutes office de salles de concerts, les jardins baroques se transforment en scènes aux beaux jours et le pont Charles accueille même ses musiciens ambulants. Découvrez nos meilleures adresses pour écouter de la musique classique.

ÉGLISE SAINT-NICOLAS DE MALÁ STRANA

Dans cette église se trouve l'orgue sur lequel a joué Mozart. Voir p. 143, **Malá Strana.**

MAISON MUNICIPALE, SALLE SMETANA

L'une des plus grandes salles de Prague, ornée de sculptures et de fresques. Voir p. 137, **Staré Město.**

RUDOLFINUM

Sur les traces de Dvořák. Voir p. 141, **Josefov.**

SV. JAKUB

Rien que pour son orgue et ses envoûtantes sonorités. Voir ci-contre, **Staré Město.**

Église Saint-Nicolas de Malá Strana

Dlouhá 33 • M° Náměstí Republíky ou Staroměstská.
Billets : ☎ 773 252 673 (lun.-ven. 16h-20h).
Bar : ☎ 733 307 600 • www.nod.roxy.cz • Juil.-août lun.-ven. 14h-1h, sam.-dim. 18h-1h ; le reste de l'année lun.-ven. 10h-1h, sam.-dim. 14h-1h • Bières : de 28 à 55 Kč ; cocktails : de 89 à 195 Kč.

LA CASA BLŮ
Bar ⑯ Plan H6

Sombreros sur les murs ocre, musique latino, tequila, rhum, cocktails parfumés de menthe fraîche, voilà de quoi réchauffer vos nuits d'hiver à Prague ! Ce bar aux accents latino-américains

est tout aussi appréciable en fin d'après-midi qu'en soirée.
Kozí 15 • M° Staroměstská • ☎ 224 818 270 • www.lacasablu.cz • Lun.-ven. 11h-22h, sam. 12h-22h, dim. 14h-22h • Sangria : 85 Kč ; piña colada : 150 Kč ; plats : de 169 à 355 Kč.

JAMES JOYCE
Pub ⑰ Plan H6

Un pub irlandais incontournable : un feu de cheminée, une mezzanine, de la Guinness et du cidre à la pression (69 Kč pour 0,3 l, 109 Kč pour 0,5 l), quelques plats chauds, de la musique du pays, des buveurs de bière et de whisky au comptoir, des petits concerts certains jeudis (de septembre à juin) et le dimanche. Ce pub garantit un dépaysement total en terre de Bohême.
U Obecního dvora 4 • M° Staroměstská • ☎ 224 818 851 • www.jamesjoyceprague.cz • Dim.-jeu. 11h-0h30, ven.-sam. 11h-2h • Plats : de 235 à 395 Kč.

BUGSY'S BAR
Bar à cocktails ⑱ Plan H6

Sous la lumière tamisée et derrière le long bar, les barmans « shakent » en chemise blanche, nœud papillon et bretelles.
Le Bugsy's Bar est sans doute la meilleure adresse de la ville pour les cocktails - qui lui ont fait gagner plusieurs concours. La carte, au choix impressionnant, s'accompagne de lamelles de fromages français. On peut aussi choisir une coupe de champagne parmi les 300 bouteilles référencées tout en dégustant

Bugsy's Bar

des sushis (295 Kč les 7 pièces) ou des canapés de foie gras (190 Kč).
Pařížská 10, entrée par Kostečná • M° Staroměstská • ☎ 840 284 797 • www.bugsysbar.cz • T.l.j. 19h-2h • Cocktails : de 195 à 345 Kč.

BOKOVKA
Bar à vins ⑲ Plan I6

Les amateurs de bons vins se sentiront ici dans leur élément. Cachée à l'intérieur d'une jolie cour en plein centre de Prague, cette cave est gérée par le sommelier Roman Novotný, qui a choisi avec soin la centaine de crus proposée, du champagne aux vins liquoreux. La dégustation s'accompagne bien évidemment d'une planche de fromages !
Dlouhá 729/37 • M° Náměstí Republiky • ☎ 731 492 046 • www.bokovka.com • Lun.-ven. 17h-1h, sam. 15h-1h • Bouteilles : de 425 à 12 500 Kč.

LA BOTTEGA BISTROTEKA
Bar à vins ⑳ Plan I6

On file dans ce bar à vins italien pour déguster quelques *antipasti* accompagnés d'un verre de l'un des crus de la Botte. Derrière le comptoir en bois, les cuistots s'affairent à préparer *fusilli al ragù di lepre, verdure e pistacchi* (385 Kč) et assiettes de charcuterie-fromage. À déguster sur place ou à emporter pour pique-niquer sur les bords de la Vltava.
Dlouhá 39 • M° Staroměstská • ☎ 222 311 372 • https://bistroteka.labottega.cz

La Bottega Bistroteka

• Lun.-sam. 9h-minuit (f. de la cuisine à 22h30), dim. 9h-22h (f. de la cuisine à 21h) • Verres de vin : à partir de 145 Kč ; bières : 60 Kč ; plats : de 295 à 525 Kč.

RUDOLFINUM
Musique classique ㉑ Plan G6

La Česká filharmonie, sans aucun doute l'orchestre le plus prestigieux du pays, donna ici son premier concert le 4 janvier 1896 sous la direction d'Antonín Dvořák. Aujourd'hui en résidence dans ce même théâtre, elle y donne très régulièrement des représentations, autant d'occasions de découvrir la très imposante salle Dvořák.
Náměstí Jana Palacha 1 • M° Staroměstská • ☎ 227 059 227 • www.ceskafilharmonie.cz • Billetterie (Alšovo nábřeži 12, entrée 17. listopadu) : lun.-ven. 10h-18h (juil.-août 10h-15h) et 1h avant le spectacle • Places : de 150 à 1 900 Kč.

L'Fleur

JAZZ BOAT
Jazz ㉒ Plan G6

Chaque soir, le Jazz Boat propose une croisière sur la Vltava. Au programme : concert de jazz et dîner, avec plusieurs menus possibles (poulet, porc, saumon et végétarien). On peut également choisir de profiter seulement du concert, en grignotant l'un des snacks proposés (*nachos*, foie gras, planche charcuterie-fromage, etc.). La programmation, toujours très pointue, est appréciée des Pragois.

Čechův most, embarcadère nº 2 • Mº Staroměstská • ☎ 731 183 180 • www.jazzboat.cz • T.l.j. à 20h30 • Billets : 690-890 Kč ; supplément de 100 Kč jeu.-sam.

L'FLEUR
Bar à cocktails ㉓ Plan H6

Le bar L'Fleur cultive deux passions : la mixologie et le champagne. Dans un décor Art déco, vous pourrez siroter un cocktail signature, comme le « Parisian Gimlet » (gin, absinth, champagne : 275 Kč), ou tout simplement opter pour une coupe de champagne en

Jazz Boat

choisissant (difficilement !) entre la cinquantaine de producteurs à la carte. N'hésitez pas à demander conseil aux serveurs, toujours très sympathiques.

V Kolkovně 5 • M° Staroměstská • ☎ 734 255 665 • www.lfleur.cz • Lun.-dim. 18h-3h • Cocktails : de 195 à 275 Kč ; bouteilles de champagne : à partir de 1 690 Kč.

Malá Strana, côté royal (Quartier 5 - p. 56)

ÉGLISE SAINT-NICOLAS
Musique classique ㉔ Plan B2

Kostel Sv. Mikuláše

Si vous passez vers 18h, entrez dans ce chef-d'œuvre du baroque pour assister à un concert. L'acoustique est réputée exceptionnelle par les connaisseurs du monde entier. En 1787, Mozart est venu jouer sur l'orgue (2 500 tuyaux) de cette église et l'on donna ici un requiem après sa mort (p. 161).

Malostranské náměstí • Tram 12, 20 ou 22, arrêt Malostranské náměstí • www.stnicholas.cz/koncerty • Billets : sur Internet ou sur place, avr.-oct. t.l.j. 9h-18h, nov.-mars 9h-15h45 • Places : 490 Kč.

LICHTENŠTEJNSKÝ PALÁC
Musique classique ㉕ Plan B2

Palais Liechtenstein

Ce palais baroque abrite l'académie de musique. Le conservatoire y propose des concerts. Les compositeurs Bach, Haendel, Vivaldi, Smetana et Brahms sont régulièrement joués. Les concerts d'examen d'entrée des étudiants sont gratuits et ouverts au public.

Malostranské náměstí 13 • Tram 12, 20 ou 22, arrêt Malostranské náměstí • www.hamu.cz (infos sur les concerts au palais) • www.ticketmaster.cz

Malá Strana, côté sud (Quartier 6 - p. 62)

U MALÉHO GLENA
Pub et concerts ㉖ Plan B2

Dans le pub qui se trouve au rez-de-chaussée, vous pouvez commencer par dîner (cuisine tex-mex) dans une ambiance déjà très chaude. Descendez ensuite au sous-sol où le programme des concerts (à consulter sur le site Internet) alterne entre blues, jazz tchèque et jam-sessions. À moins de réserver ou d'arriver tôt, n'espérez pas pouvoir vous asseoir.

Karmelitská 23 • Tram 12, 20 ou 22, arrêt Malostranské náměstí • ☎ 257 531 717 • www.malyglen.cz

Restaurant : lun.-ven. 10h-2h, sam.-dim. 10h-2h30 (fermeture de la cuisine à 23h30) • Plats : de 159 à 350 Kč.

Pub : lun.-ven. 19h30-2h, sam.-dim. 19h30-3h • Cocktails : à partir de 135 Kč.

Concerts : t.l.j. 21h-1h • Résa conseillée.

Les meilleurs CLUBS

Ne pensez pas que les Pragois sont des couche-tôt, bien au contraire. Les clubs les plus vibrants de la capitale tchèque accueillent les oiseaux de nuit jusqu'à 4h ou 5h du matin, selon les établissements. Une série de lieux alternatifs, à la programmation toujours pointue, ont également vu le jour ces dernières années, faisant de la ville une destination attractive pour les fêtards. À vous de tester nos meilleures adresses !

RADOST FX

Dans un décor psychédélique, ce club fait vibrer les fins de semaine pragoises. Voir p. 148, **Nové Město.**

MEETFACTORY

Une virée dans l'antre de l'artiste David Černý, ça vous tente ? Voir p. 156, **hors visites.**

CROSS CLUB

Dépaysement assuré dans cette institution de la Prague underground. Voir p. 154, **Holešovice.**

STRAHOV CLUB 007

Peut-être le club le plus punk de toute la ville ! En tout cas un des plus anciens. Voir ci-contre, **Petřín.**

MeetFactory

KLUB ÚJEZD
Club ㉗ Plan B3

Premier club privé ouvert après la révolution, aujourd'hui lieu de prédilection de la jeunesse pragoise grunge. Au sous-sol, brasserie. Au rez-de-chaussée, minuscule bar et club pour concerts ou boîte de nuit. Au premier étage, café avec musique (très) bruyante. Prière de ne pas déranger la jeune et inactive clientèle qui s'y retrouve.

Újezd 18 • Tram 9, 12, 20 ou 22, arrêt Újezd • ☎ 251 510 873 ou 603 446 274 • www.klubujezd.cz
Brasserie : t.l.j. 18h-4h • Bières : de 37 à 48 Kč ; cocktails : de 80 à 180 Kč.

MLÝNSKÁ KAVÁRNA
Bar ㉘ Plan B3

Dans ce bar situé à l'extrémité d'un pont en bois, étudiants et jeunesse arty se retrouvent autour d'une bière pour de longues soirées sous le plafond capitonné. Parfois, quelqu'un se met au piano (il faut vraiment savoir jouer pour se lancer). Ambiance sympathique autour du long bar signé par l'artiste David Černý, habitué des lieux.

Kampa Park, Všehrdova 14 • M° Malostranská, puis tram 12, 20 ou 22, arrêt Újezd ou Hellichova • ☎ 257 313 222 • T.l.j. 12h-minuit • Bières : de 39 à 59 Kč ; mojito : 125 Kč.

La colline de Petřín (Quartier 8 – p. 72)

STRAHOV CLUB 007
Club punk et concerts live
㉚ Plan A3

On raconte qu'une partie de la révolution de Velours se serait jouée entre les murs du Strahov 007, ouvert en 1969 ! Cinquante ans plus tard, ce petit club de légende continue d'attirer la jeunesse avec une programmation aussi punk, rock et ska qu'à ses débuts. Pour y accéder, rendez-vous au pied d'une résidence universitaire un peu délabrée située tout en haut de la colline de Petřín, à deux pas de l'ancien *stadion*. Un peu éloigné du centre, certes, mais zéro touriste à l'arrivée !

Chaloupeckého 1915/7 • Bus 191 ou 176 (arrêt Stadion Strahov) • ☎ 775 260 071 • www.klub007strahov.cz • T.l.j. 19h-minuit (1h ven. et sam.) • Prix variable selon les concerts et la programmation • Bières : de 33 à 55 Kč.

JAZZ DOCK
Jazz ㉛ Plan C3

Ce drôle de bar semblant flotter sur l'eau n'est autre que l'un des clubs de jazz les plus prisés de Prague. À l'intérieur, un bar jaune, translucide et futuriste, signé de l'architecte Pavel Suchý – comme le reste de la structure d'ailleurs. On vient ici boire un verre en écoutant de très

Kavárna V Sedmém Nebi

bons groupes de jazz. Suivez la programmation sur leur site, vous serez rarement déçu.

Janáčkovo nábřeží 2 • M° Anděl • ☎ 774 058 838 • www.jazzdock.cz
Bar : lun.-jeu. 15h-4h (oct.-mars 17h), ven.-sam. 13h-4h (oct.-mars 15h), dim. 13h-2h (oct.-mars 15h) • Cocktails : de 145 à 175 Kč ; bières (demi) : de 45 à 55 Kč.
Concerts : horaires et tarifs variables.

KAVÁRNA V SEDMÉM NEBI
Bar ㉜ Plan B3

Petit bar près de la Vltava fréquenté par de jeunes Tchèques. La musique et le cadre sont agréables. Vous aurez la possibilité de grignoter des toasts et des sandwichs (de 120 à 125 Kč) dans une ambiance décontractée. C'est un bar très sympathique en début ou en toute fin de soirée.

Zborovská 68 • Tram 9, 12, 20 ou 22, arrêt Újezd • ☎ 776 604 774 • www.kavarnavsedmemnebi.cz • Lun.-ven. 10h-1h, sam. 12h-1h, dim. 12h-minuit.

Nové Město (Quartier 9 – p. 76)

STÁTNÍ OPERA PRAHA
Musique classique ㉝ Plan D3

Opéra d'État

Inauguré en 1888, le plus grand Opéra de Prague est tout aussi majestueux que celui de Vienne, dont il est l'exacte reproduction en plus petit. Fermé pour des travaux de rénovation depuis 2017, l'Opéra voit les représentations de ses troupes de ballet et d'opéra programmées sur les scènes des autres théâtres nationaux. Sa réouverture est prévu pour janvier 2020.

Wilsonova 4 • M° Muzeum • ☎ 224 901 448 (billetterie) • www.narodni-divadlo.cz/statni-opera • Réouverture prévue le 5 janvier 2020, se rens. sur le site Internet • Places : de 230 à 1 290 Kč.

NÁRODNÍ DIVADLO
Musique classique ㉟ Plan G8

Théâtre national

Cet édifice grandiose, complété dans les années 1980 par un bâtiment moderne à l'architecture surprenante, propose tous les soirs un spectacle : pièce de théâtre (en tchèque), concert, ballet ou opéra.

Národní 2 • M° Staroměstská, puis tram 18 ou 22, arrêt Národní divadlo • ☎ 224 901 448 • www.narodni-divadlo.cz • Billetterie (Národní 4) : lun.-ven. 9h-18h, sam.-dim. 10h-18h et 45 min avant le spectacle • Places : de 100 à 1 290 Kč.

LUCERNA MUSIC BAR
Club ㊱ Plan I8

Une clientèle déchaînée fréquente le Lucerna le samedi, jour des soirées 1960 ou 1980. Le décalage entre le joyeux délire du public sur la scène, les tables du balcon et les clips oubliés de Depeche Mode et Desireless vaut le coup d'œil. On ne reste pas insensible !

Pasáž Lucerna, Vodičkova 36 • M° Můstek • ☎ 224 217 108 • www.musicbar.cz • Billetterie : lun.-ven. 9h30-19h, consulter le site pour les concerts • Entrée : à partir de 150 Kč • Cocktails : de 105 à 165 Kč.

ČERNÉ DIVADLO METRO
Théâtre noir ㊲ Plan G/H8

Au programme, en alternance, *Life is life* et *Déjà vu*. Des spectacles de théâtre noir (voir encadré p. 137) où l'humour, la poésie et la danse se conjuguent. Chacun est suivi d'une démonstration interactive. Attention, le Theatre Image (p. 151) se situe à la même adresse.

Lucerna Music Bar

Národní 25 • M° Národní třída • ☎ 221 085 201 • www.divadlometro.cz • Billetterie : t.l.j. 10h-20h • Places : 590 Kč • Spectacles : 6 soirs par sem. à 20h.

PARLOUR
Bar à cocktails — 38 Plan D3

Il est facile de passer devant ce petit bar sans le remarquer : pourtant, voilà un bar à cocktails qui mérite amplement le détour ! Ici, pas de menu, demandez directement au barman quel breuvage vous ferait envie. Évidemment, si vous n'avez pas d'idée précise, il est là pour vous conseiller. La déco chinée donne d'ailleurs l'impression d'être chez un ami de longue date.

Krakovská 15 • M° Muzeum • ☎ 777 200 015 ou 774 292 620 • http://parlour.cz • T.l.j. 18h-1h • Cocktails : de 160 à 235 Kč.

RADOST FX
Lounge/club — 39 Plan D4

Au rez-de-chaussée, le restaurant végétarien sert jusqu'à minuit (plats de pâtes, lasagnes, salades sauce vinaigrette sucrée). Derrière, dans les deux salles de style lounge, un musicien vient parfois réveiller la clientèle d'expatriés américains enfoncés dans les fauteuils et canapés. Au sous-sol, décor psychédélique, musique house et R'n'B, avec des DJ qui ne faiblissent pas jusqu'à 5h. Discothèque les jeudis, vendredis et samedis.

Bělehradská 120 • M° I.P. Pavlova • ☎ 603 193 711 • www.radostfx.cz

Restaurant : dim.-mer. 11h-minuit, jeu.-sam. 11h-2h • Plats : de 175 à 320 Kč.

Club : jeu.-sam. 23h-5h • Parfois gratuit pour les filles et 100 Kč pour les garçons jusqu'à 0h30 • Cocktails : de 105 à 165 Kč.

QCAFE
Bar gay — 40 Plan C3

Un bar gay très sympathique en plein cœur du centre de Prague, constitué de deux niveaux. À la carte, des cocktails, des bières et des boissons locales comme le Kofola, sorte de Coca-Cola tchèque.

Opatovická 166/12 • M° Národní třída • ☎ 776 856 361 • www.q-cafe.cz • T.l.j. 13h-2h • Cocktails : de 130 à 180 Kč ; bières : de 45 à 49 Kč.

Les meilleurs BARS À BIÈRES

Impossible d'y couper, quelle que soit l'heure du jour ou la saison, la bière est au cœur de la vie pragoise (voir aussi p. 158). Tavernes traditionnelles ou bars branchés, retrouvez notre sélection des meilleures adresses où découvrir les richesses de cette boisson réputée dans le monde entier.

U KUNŠTÁTŮ

Découvrez les subtilités de la bière locale dans un bâtiment du XIIe s. Voir p. 134, **Staré Město.**

BRASSERIE STAROPRAMEN

Pour tout savoir sur les secrets de fabrication de cette bière populaire, c'est ici ! Voir p. 157, **hors visites.**

U ZLATÉHO TYGRA

Certainement pas l'adresse la plus accueillante, mais la plus mythique. Voir p. 27, **Staré Město.**

PIVNICE U SADU

Petits prix et convivialité garantis dans ce bar de quartier. Voir p. 154, **Žižkov.**

BEERGEEK BAR

Ambiance jeune et festive avec une carte de bières internationale. Voir p. 153, **Žižkov.**

RIEGROVY SADY

Au programme de ce *beer garden* : bière fraîche, saucisses et grandes tablées. Voir p. 90, **Žižkov.**

U Kunštátů

REDUTA JAZZ CLUB

Jazz ④① Plan H8

Fondé en 1958, le club de jazz le plus célèbre de Prague se trouve au sous-sol d'une maison Art nouveau. Très fréquenté par les touristes, il n'en demeure pas moins un lieu prestigieux où se produisent les vedettes tchèques, tels Emil Viklický, Jana Koubková et Milan Svoboda. Son excellente programmation est très diversifiée et parfois exceptionnelle : en 1994, Bill Clinton

et Václav Havel y offrirent une jam-session improvisée.
Národní 20 • M° Staroměstská, puis tram 18 ou 22, arrêt Národní třída • ☎ 224 933 487 (billetterie) • www.redutajazzclub.cz
Club : lun.-ven. 20h-minuit, sam.-dim. 19h-minuit • Cocktails : de 150 à 200 Kč.
Concerts : dim.-jeu. à 21h, ven.-sam. à 19h et 21h30 (ou selon programmation, se rens. sur Internet) • Billetterie : lun.-ven. 9h-minuit, sam.-dim. 16h-minuit • Entrée : de 395 à 490 Kč.

NEBE COCKTAIL & MUSIC BAR
Bar/club ㊷ Plan C3

Après avoir descendu les marches d'un long escalier aux papiers peints Art déco, on atteint une cave voûtée tout en pierre. Dans ce bar-club, les soirées commencent en général tard et se finissent au lever du jour. Le lieu est fréquenté par une faune de trentenaires venus s'amuser dans une ambiance décontractée. À la carte, un large choix de cocktails et spiritueux, ainsi que quelques bières.
Křemencova 10 • M° Národní třída • ☎ 776 835 051 • www.nebepraha.cz • Mar. 18h-3h, mer.-jeu. 18h-4h, ven.-sam. 18h-5h • Apéritifs : de 55 à 75 Kč ; cocktails : de 75 à 150 Kč (69 Kč de 18h à 21h) ; bières : 55 Kč (0,4 l).

VAGON
Bar rock ㊸ Plan G8

Ne vous laissez pas intimider par l'escalier qui mène au sous-sol : l'ambiance que vous trouverez au Vagon est plus engageante que ce dernier ! Très rock, ce bar tout en longueur (d'où le nom) organise régulièrement des concerts de groupes locaux,

Nebe Cocktail & Music Bar

Groove Bar

et diffuse des classiques comme The Clash, Nirvana ou Rage Against the Machine.
Národní 25 • M° Národní třída • ☎ 733 737 301 • www.vagon.cz
Bar : lun.-jeu. 19h-5h, ven.-sam. 19h-6h, dim. 19h-1h • Bières : à partir de 33 Kč.
Concerts : à 21h • Entrée : de 50 à 350 Kč.

BONVIVANT'S CTC
Bar à cocktails ㊹ Plan G8

Voilà un bar où la préparation des cocktails tourne presque au spectacle tant les *bartenders* sont experts en la matière. Ne passez pas à côté des breuvages au Grand Marnier et des spiritueux locaux comme le Meruňkovice, une eau-de-vie à base d'abricot (de 145 à 185 Kč).
Bartoloměјská 305/3 • M° Národní třída • ☎ 775 331 862 • T.l.j. 16h-1h • Cocktails : à partir de 185 Kč.

GROOVE BAR
Pub ㊺ Plan C3

Ambiance décontractée dans ce bar de quartier avec murs en brique et lumière tamisée. On sert ici de très bons cocktails et des DJ viennent animer le lieu presque tous les soirs de la semaine. Les mixtures à la carte peuvent surprendre mais vous pouvez faire confiance aux barmans, le résultat est toujours très réussi, à l'instar de ce mélange d'hibiscus, gin et saké (150 Kč).
Voršilská 6 • M° Národní třída • ☎ 777 610 279 • www.groovebar.cz • Dim.-jeu. 19h-3h, ven.-sam. 19h-4h • Cocktails : de 120 à 190 Kč ; bières : à partir de 50 Kč (0,3 l).

THEATRE IMAGE
Théâtre noir ㊻ Plan G8

Ce théâtre noir (voir p. 137) attire de par son emplacement une foule de touristes. Au programme : pantomime et danse moderne. Parmi les pièces à voir, *Cabinet*, qui raconte les aventures d'un professeur farfelu, est la plus réussie. Attention, le théâtre Černé divadlo Metro (p. 147) se situe à la même adresse.
Národní 25 • M° Národní třída • ☎ 222 314 448 • www.image theatre.cz • Billetterie : t.l.j. 10h-20h ; à l'intérieur du bâtiment • Spectacle : t.l.j. à 20h • Entrée : 580 Kč.

Karlín et Žižkov (Quartier 12 - p. 88)

PIVOVARSKÝ KLUB
Bar à bières (47) Plan E2

De la bière, de la bière et encore de la bière ! Avec 6 sortes de breuvages à la pression et près de 240 en bouteilles, cette adresse est une véritable institution pour les amateurs de houblon ! Évidemment, les bières locales sont à l'honneur, mais le bar en propose de partout dans le monde. Et pour accompagner sa pinte, on opte pour l'un des plats tchèques à la carte.

Křižíkova 17 • M° Florenc • ☎ 222 315 777 • www.pivovarskyklub.com • T.l.j. 11h30-23h30 • Bières : à partir de 42 Kč ; plats : de 175 à 395 Kč.

PALÁC AKROPOLIS
Bar/spectacle (48) Plan F3

À l'angle de la rue, le bar du rez-de-chaussée est toujours bondé en soirée. Il est possible de se restaurer jusqu'à 22h dans un décor surréaliste d'aquarium, de sable et de compas géants. Juste à côté, sur la droite en sortant, l'ancien cinéma au sous-sol a été transformé en salle de spectacle. La programmation originale et de qualité varie entre théâtre et musique du monde.

Kubelíkova 27 • M° Jiřího z Poděbrad • www.palacakropolis.cz
Café et billetterie : ☎ 296 330 913 • Lun.-ven. 16h-22h et sam.-dim. 16h-22h uniquement si un concert a lieu dans la grande salle.
Restaurant : ☎ 296 330 990 • Dim.-jeu. 11h-0h30, ven.-sam. 11h-1h30 • Plats : de 169 à 299 Kč.
Concerts : horaires variables selon programmation • Entrée : de 100 à 850 Kč • Cocktails : de 89 à 190 Kč.

VLKOVA 26
Bar/club (49) Plan E3

À l'angle des rues Vlkova et Krásova se dresse l'un des spots préférés des habitants du quartier. Situé dans une sorte de petit hangar tout en brique, ce bar sert des cocktails ainsi que des bières artisanales, mais il organise aussi des soirées avec DJ sets pointus. Funk, soul, groove et même disco ! Consultez leur page Facebook pour être au courant des derniers événements.

Vlkova 26 • M° Jiřího z Poděbrad • www.facebook.com/Vlkova26 • Ven.-sam. 21h-5h • Entrée pour les soirées : 50 Kč avant 23h, 70 Kč apr. 23h (certains événements sont gratuits).

VELTLÍN
Bar à vins (50) Plan F1

Pour boire local, on file dans ce bar à vins authentique avec comptoir en bois, dessins aux murs (carte de la République tchèque) et chaises bistrot. Les propriétaires du lieu font la part belle aux petits producteurs tchèques et aux vins bio, avec notamment de très bons crus de Moravie. On y trouve également quelques autres références

d'Europe centrale. Charcuteries (env. 150 Kč les 100 g) et pâtés en accompagnement.
Křižíkova 488/115 • M° Křižíkova • ☎ 725 535 395 • www.veltlin.cz • Lun.-sam. 17h-23h • Verre de vin : de 90 à 300 Kč ; bouteilles : de 220 à 600 Kč ; fromage (100 g) : 150 Kč.

BEERGEEK BAR
Bar à bières ⑤① Plan F3

Voilà un bar qui met à l'épreuve les experts en bière. Ici, vous goûterez à coup sûr des breuvages dont vous n'aviez jamais entendu le nom ou jamais connu le goût. Sibeeria, Clock, Třebonice... au total, vous avez le choix entre 32 sortes de bières pression ! Laissez-vous guider par les serveurs. La boutique située à côté vous permettra de rapporter quelques-unes de vos découvertes.
Vinohradská 62 • M° Jiřího z Poděbrad • ☎ 776 827 068 • www.beergeek.cz • T.l.j. 15h-2h • Bières pression : de 39 à 100 Kč.

PLECNIK CAFE
Bar ⑤② Plan F3

Ce bar est devenu en peu de temps l'un des préférés des habitants du quartier. Ses atouts : une situation centrale à côté de l'église et du marché fermier, une large terrasse ensoleillée, des tarifs qui résistent à l'inflation des prix, une déco arty et un service aux petits oignons. Sans oublier le patron, francophone et francophile !
Náměstí Jiřího z Poděbrad 1659/10 • M° Jiřího z Poděbrad • ☎ 776 660 200 • T.l.j. 9h-22h (dim. 10h) • Verre de vin : 48 Kč ; verre de prosecco : 75 Kč.

Veltlín

PIVNICE U SADU
Bar/pub ⑤③ Plan F3

À deux pas de la tour de télévision, ce bar de quartier sans prétention pratique des horaires extra-larges et des prix raisonnables. Ne vous contentez pas de sa terrasse tranquille avec ses grandes tables en bois remplies d'étudiants et de familles, mais poussez la curiosité jusqu'à vous aventurer à l'intérieur. Dans ce labyrinthe, les objets se télescopent les uns aux autres comme dans un étrange grenier. Dépaysant et ultra-convivial.

Škroupovo náměstí 1282/5 • M° Jiřího z Poděbrad • ☎ 222 727 072 • www.usadu.cz • T.l.j. 8h-4h (2h dim. et lun.) • Bières en bouteille : de 30 à 45 Kč.

STORM CLUB
Club électro ⑤④ Plan F2

Très orienté drum & bass, ce club se situe dans un sous-sol au pied de la colline de Žižkov. Réparti sur deux niveaux assez spacieux, il aimante chaque week-end une jeunesse férue de musique électro. La semaine, la programmation est plus éclectique. À noter : l'été, le club ouvre aussi son jardin extérieur et propose alors des activités aussi bien diurnes que nocturnes !

Tachovské náměstí 290/5 • M° Florenc • www.stormclub.eu • Horaires selon programmation • Bières : à partir de 25 Kč ; cocktails : à partir de 85 Kč.

Holešovice (Quartier 13 - p. 94)

CROSS CLUB
Bar/club ⑤⑤ Hors plan par E1

Qui veut connaître la Prague underground doit absolument rendre une visite au Cross Club, dont la décoration étonnante fait hésiter entre machine infernale et labyrinthe. Côté programmation (DJ, concerts et théâtre), c'est une succession de sons éclectiques pulsés par l'un des meilleurs *sound systems* de la ville. Avec ses deux scènes et ses trois bars, il suffit de choisir parmi les sons drum & bass, reggae, pop, techno... sans oublier de faire un tour au café au dernier étage !

Plynární 23 • M° Nádraží Holešovice • ☎ 736 535 010 • www.crossclub.cz
Bar : t.l.j. 14h-2h • Bières : de 39 à 88 Kč ; cocktails : de 68 à 179 Kč.
Club : t.l.j. 18h-5h (7h sam.-dim.) • Entrée : variable selon programmation.

SASAZU
Resto/club ⑤⑥ Plan E1

Les initiés (dont des expatriés et quelques touristes) dînent en début de soirée au restaurant asiatique Sasazu avant de foncer sur le dance floor du club voisin au milieu de la jeunesse dorée locale. Genre de Bouddha Bar, à la fois restaurant et boîte de nuit, planté dans d'anciens abattoirs, le Sasazu

Bio Oko

est également une belle salle de concerts où Lily Allen, Morcheeba, Public Enemy et d'autres stars d'envergure internationale sont montés sur scène.

Bubenské nábřeží 306 • M° Vltavská, puis tram 1, 14 ou 25, arrêt Pražská tržnice • ☎ 284 097 455 ou 733 640 771 • www.sasazu.com

Restaurant : lun.-jeu. 12h-minuit, ven.-sam. 12h-1h, dim. 12h-23h • Plats : à partir de 250 Kč (compter env. 1 200-1 500 Kč pour un repas).

Club : horaires variables selon programmation • Cocktails : env. 190 Kč.

BIO OKO
Bar/cinéma
57 Plan D1

Avis à ceux qui veulent sortir des sentiers battus : ce cinéma de quartier un peu fantasque (dans la salle, on a le choix entre différentes sortes de fauteuils) accueille aussi au rez-de-chaussée un bar très prisé par les habitants du quartier. Parfois, le lieu à la déco industrielle dépareillée est tellement rempli qu'on en oublierait presque qu'il s'agit au départ d'un ciné !

Františka Křížka 460/15 • M° Vltavská • ☎ 776 622 940 • www.biooko.net • Lun.-ven. 10h-1h (14h-1h juil.-août), sam.-dim. 11h-1h • Bières : de 34 à 65 Kč ; apéritifs : de 50 à 80 Kč • Cinéma : de 60 à 130 Kč la séance.

COBRA
Bar branché
58 Plan D1

Ce bar récemment ouvert voit son ambiance, tranquille l'après-midi, monter d'un cran les jeudis, vendredis et samedis soir dès 18h avec de fréquents DJ sets. S'il fait beau, le trottoir se remplit et devient noir de monde. L'hiver, tout le monde se réfugie dans sa grande salle à la déco industrielle baignée de lumière. Prenez place au long bar derrière lequel les shakers s'agitent jusqu'à l'heure de fermeture. Vous pourrez aussi siroter bières et vins en dégustant quelques *mezze*.

Milady Horákové 688/8 • M° Vltavská • ☎ 777 355 876 • www.barcobra.cz • Lun.-ven. 8h-2h, w.-e. 10h-2h (minuit le dim.) • Cocktails : de 135 à 165 Kč.

JATKA 78
Cirque ⑸⑼ Plan E1

Au cœur des halles du marché de Holešovice, ce théâtre propose des spectacles de cirque contemporain, mêlant théâtre, danse et trapèze. La compagnie Cirk La Putyka y a sa résidence, mais la programmation est ouverte aux autres troupes. On y trouve également un club de musique et une galerie d'art.
Bubenské nábřeží 306/13 • M° Vltavská • ☎ 775 402 027 • www.jatka78.cz • Horaires variables • Places : de 200 à 1 000 Kč.

ALFRED VE DVOŘE
Théâtre alternatif 60 Plan D1

Sachez-le : si vous arrivez à l'improviste, vous risquez de trouver porte close. Renseignez-vous donc en amont sur la programmation éclectique et aléatoire de ce théâtre indépendant caché au milieu du jardin d'un immeuble du quartier. Spectacles de danse, mime, pantomime, performances plus ou moins pointues et plus ou moins visuelles, pour la plupart en anglais...
En bref, une adresse alternative et expérimentale, encore peu connue.
Františka Křížka 495/36 • M° Vltavská • ☎ 233 376 985 • www.alfredvedvore.cz • Horaires et prix selon programmation.

En dehors des quartiers de visite

CAFÉ V LESE
Bar/concerts 61 Plan F4

Un papier peint « forêt » comme on n'en fait plus, des chaises dépareillées... dans ce lieu bohème, la fine fleur branchée pragoise vient boire une bière ou un Fritz-Kola avant d'écouter, au sous-sol, un concert de gipsy-rap par exemple.
La programmation musicale est éclectique et sympathique, balayant tous les genres.
Krymská 12 • Tram 4 ou 22, arrêt Krymská • ☎ 720 410 703 • www.cafevlese.cz • Lun.-sam. 16h-1h30 (juin-sept. 18h-1h30), dim. 16h-minuit (juin-sept. 18h-minuit) • Bières : de 28 à 56 Kč ; cocktails : de 95 à 155 Kč.

MEETFACTORY
Bar alternatif
62 Hors plan par B5

Coincé entre une voie rapide et une voie de chemin de fer, MeetFactory est un vaste complexe culturel underground mêlant résidence d'artiste, salle d'expo, bar et salles de concerts. La programmation du lieu, tenu d'une main d'artiste (le fondateur n'est autre que David Černý, p. 98), attire la jeunesse branchée et alternative pragoise, mais aussi celle des pays voisins !

Théâtre de marionnettes

Depuis le XVIIe s., Prague cultive une passion pour les marionnettes, fabriquées en tilleul ou en porcelaine. L'Union internationale de la marionnette a d'ailleurs vu le jour dans la capitale tchèque en 1929 et compte aujourd'hui plus de 8 000 membres de 90 pays. Mais attention, ici pas de Guignol : on ne jure que par Kašpárek, un clown vêtu de rouge et portant des grelots, ou Honza, un brave garçon de campagne qui sauva une princesse des dents d'un dragon pour l'épouser. Pour découvrir ces histoires, rien de mieux que le Théâtre national de marionnettes de Prague (p. 133).

Spejbl et Hurvínek

Ke Sklárně 3213/15 • M° Smíchovské nádraží, puis tram 5, 12 ou 20, arrêt Lihovar • ☎ 251 551 796 • www.meetfactory.cz • T.l.j. 13h-20h • Concerts : le plus souvent à 20h30 • Entrée : de 200 à 900 Kč • Bières : dès 31 Kč (40 cl) ; cocktails : de 90 à 150 Kč.

BRASSERIE STAROPRAMEN
Brasserie ⑥③ Plan B5

Difficile de passer à côté de la célèbre brasserie Staropramen : située à deux pas de Malá Strana, elle occupe un énorme pâté de maisons dans le quartier Smíchov ! Ses portes sont ouvertes à tous les curieux et amateurs de *pivo* qui souhaitent en savoir plus sur l'histoire et la fabrication de la bière. Après avoir testé le breuvage, vous aurez droit aux explications d'un guide sur les différentes phases de production. On slalome entre les cuves ancestrales en cuivre et les autres, dernier cri.

Pivovarská 9 • M° Anděl ou tram 5, 12 ou 20, arrêt Na Knížecí • Résa : ☎ 251 553 389 • www.centrumstaropramen.cz • T.l.j. 10h-18h, visite en anglais (50 min) à 10h, 13h et 16h, dépliant en français • Entrée : 269 Kč (avec dégustation).

La bière, élixir de vérité

Avec 141 litres par personne et par an en 2018, les Tchèques détiennent encore le record mondial de consommation de bière (la France est à 30 litres environ). Et même si la consommation baisse (elle était de 160 litres en 2006 !), la bière reste au cœur de la vie pragoise. À qui la faute ? Au prix, bien sûr, car dans certains bars, la *pivo* est parfois moins chère que... l'eau !

UNE CIVILISATION DE LA BIÈRE

Novoměstský Pivovar

Appréciée en Bohême dès le Xe s., la bière connaît son essor au XIIIe s. grâce au roi Václav Ier. Celui-ci abolit officiellement la loi qui interdisait jusqu'alors le brassage (sous peine d'excommunication), loi que personne ne respectait... C'est l'harmonie entre la **qualité de l'orge** utilisée pour fabriquer le malt, le **houblon fin** de Bohême et l'extrême **douceur de l'eau** de source locale qui lui valent de conquérir, dès le XIVe s., la réputation - méritée - d'être l'une des meilleures bières au monde.

DEUX BLONDES CÉLÈBRES

Parmi les quelque 400 marques produites sur le territoire, la plus renommée est la *Plzeňský Prazdroj,* plus connue sous son nom allemand de **Pilsner Urquell,** autrement dit « source originale ». C'est le brasseur

Petit lexique du buveur de bière

- ***Pivo :*** bière.
- ***Velké pivo :*** grande bière (50 cl).
- ***Malé pivo :*** petite bière (30 cl).
- ***Pivnice :*** mot élégant pour désigner un bar à bières dont le nom populaire est *hospoda* et le terme générique *pivovar*, « brasserie ».
- ***Pivní sýr :*** fromage à bière obtenu par le mélange corsé d'un fromage à pâte molle, d'oignons hachés et de paprika, le tout noyé... de bière !
- ***Tekutý chléb :*** « pain liquide », autre nom local de la bière.

bavarois Josef Groll qui la fabriqua pour la première fois, en 1842, dans la ville de Plzeň (*Pilsen,* en allemand), située à 80 km de Prague. Ses qualités exceptionnelles expliquent qu'elle soit devenue une appellation générique : les termes *pils, pilsner* ou *pilsener* désignent désormais une bière blonde dont la saveur prononcée de houblon a été obtenue après une seconde fermentation à basse température. Sa seule rivale en matière de notoriété n'est autre que la *Budvar* ou **Budweiser** de České Budějovice (*Budweiss,* en allemand), en Bohême du Sud. À ne pas confondre avec la boisson brassée aux États-Unis !

NULLE PART AILLEURS

Profitez de votre séjour pour découvrir les trois autres marques produites en ville : la **Staropramen** (p. 157), la **Braník** et la **Pražan.** Goûtez aussi la brune ou la blonde **Krušovice,** qui vient des environs, tout comme la blonde **Velkopopovický Kozel.** Assez forte, cette dernière se distingue par le bouc tenant un bock sur son étiquette. Vivant dans l'enceinte de la brasserie, l'animal est censé donner à la bière son petit fumet particulier !

BIÈRE, MODE D'EMPLOI

Le breuvage doit être servi à la température de la cave et avec de la mousse. Pour tester sa qualité, il suffit de vérifier qu'une allumette enfoncée verticalement demeure dix secondes en position. Une fois la première commande passée, les chopes sont remplacées automatiquement, le garçon ajoutant un trait sur le carton dont chaque table est munie ; surtout ne le perdez pas. À vous de stopper le flot (en plaçant votre sous-bock sur votre verre vide) pour ne pas vous retrouver « soûl comme un Danois », comme on dit en Bohême.

Prague en musique

Expression naturelle de l'âme tchèque depuis des siècles, la musique s'invite dans toute la capitale, des concerts reçus dans les somptueuses églises aux joueurs de jazz du pont Charles, en passant par les musiciens ambulants de la place de la Vieille-Ville. Le piéton, submergé de tracts annonçant sonates et requiem, peut rapidement vérifier la justesse d'un proverbe qui dit qu'« en chaque Tchèque sommeille un musicien »...

LE « CONSERVATOIRE DE L'EUROPE »

Ébloui par le niveau de connaissances et de techniques qu'il découvre en 1772, le compositeur anglais Charles Burney surnomme la ville le « conservatoire de l'Europe ». Une appréciation prémonitoire puisque c'est effectivement à Prague que le premier conservatoire d'Europe ouvrit ses portes en 1811. Autre témoin de cette fibre musicale, le **musée tchèque de Musique** (riche de quelque 5 000 pièces) qui, depuis 2005, a pris possession de l'église Sainte-Marie-Madeleine à Malá Strana, métamorphosée dans un style futuriste et lumineux (p. 65).

Le Printemps de Prague

Créé en 1946, ce festival s'ouvre chaque année le 12 mai, jour anniversaire de la mort de Bedřich Smetana. Après la messe rituelle sur sa tombe, son grand poème symphonique *Ma patrie* est interprété dans la salle qui porte son nom à la **Maison municipale** (p. 32). Le dernier jour, c'est une œuvre d'Antonín Dvořák qui clôt la manifestation (www.festival.cz).

GLOIRES NATIONALES

La musique tchèque, liée à l'épanouissement de l'identité nationale, trouva son chantre le plus exalté en **Bedřich Smetana** (1824-1884 - voir p. 26 le musée Smetana). S'il fut le premier à intégrer chants et danses populaires à ses œuvres classiques, dont les plus connues sont *La Fiancée vendue* et *Ma patrie*, sa relève fut largement assurée par **Antonín Dvořák** (1841-1904 - voir p. 84 le musée Dvořák), célèbre auteur de la *Symphonie du Nouveau Monde*, **Leoš Janáček** (1854-1928) et **Bohuslav Martinů** (1890-1959).

Concert dans l'église Saint-Nicolas de Malá Strana

MOZART, CITOYEN D'HONNEUR

Prague a toujours su fêter les génies nationaux aussi bien qu'étrangers, tels Beethoven, Liszt, Chopin, Berlioz et surtout l'Autrichien Mozart.
Lassé de l'incompréhension du public viennois, ce dernier décide, en 1786, de venir jouer *Les Noces de Figaro* pour la première fois dans cette ville qui lui réserva un accueil chaleureux. Ému par l'ovation reçue, il prononce cette célèbre phrase : « Mes Pragois me comprennent. » L'enfant chéri qui fit au total quatre séjours à Prague y possède son musée, la **villa Bertramka** ou **Muzeum Mozart,** dans lequel on peut voir certaines de ses compositions, la chambre dans laquelle il séjourna avec son épouse et divers objets lui ayant appartenu (Mozartova 169, B4, M° Anděl, ☎ 241 493 547 ou 723 323 320, www.bertramka.eu, fermé pour travaux, se renseigner sur le site Internet). C'est dans cette villa qui appartenait à ses amis musiciens, les Dušek, qu'il acheva la création de *Don Giovanni*, dont la première eut lieu au **théâtre des États** en 1787 (p. 35 et 137).

L'ORCHESTRE PHILHARMONIQUE TCHÈQUE

Des chefs aussi réputés que Václav Talich, Rafael Kubelík et Karel Ančerl ont contribué à la réputation de cet orchestre, dont Antonín Dvořák en personne dirigea le premier concert le 4 janvier 1896. L'Orchestre philharmonique siège au **Rudolfinum** (p. 141), où ont également lieu des concerts du festival du Printemps de Prague. Outre deux autres orchestres officiels, l'Orchestre symphonique de Prague et celui de la radio, on recense d'autres formations, notamment de musique de chambre, dont l'excellent Quatuor Talich. Pour découvrir la musique tchèque, visitez le **PopMuseum Kaštan** (Bělohorská 201/150, HP par A2, tram 22 ou 25, arrêt U Kaštanu, ☎ 605 369 286, www.popmuseum.cz, mer.-jeu. 16h-20h, sam. 14h-18h, entrée : 40 Kč ou 100 Kč pour jouer des instruments).

Boutiques

PAR QUARTIER

Les coups de cœur DE NOTRE AUTEUR 2020

À chaque coin de rue fleurissent de jolies boutiques au design soigné où l'on aurait bien envie de tout acheter... Créateurs de mode, designers, libraires, disquaires ou encore épiceries jalonnent les artères de Prague, la plupart du temps à prix raisonnable. Voici celles qui ont fait de l'œil à Céline pour 2020.

PAPELOTE

La fine fleur de la papeterie ! J'y déniche toujours des merveilles. Voir p. 178.

GARAGE STORE

Parce qu'on y trouve des vinyles ET des sneakers, deux choses dont je raffole. Voir p. 184.

PAGEFIVE

La librairie d'art dont je n'arrive plus à décoller. Voir p. 185.

PageFive

Papelote

PRAGTIQUE

Filez les yeux fermés dans cette boutique, vous y trouverez plein de trésors à petits prix ! Voir p. 174.

HUGO CHODÍ BOS

Un super joker pour faire un cadeau *made in* Tchéquie à des enfants. Jouets, livres, vêtements, déco : ils ont tout ! Voir p. 177.

À SAVOIR

EN PRATIQUE

Les magasins ouvrent en général tous les jours entre 9h et 11h et ferment entre 18h et 19h, sauf le dimanche. Les plages d'ouverture dans les centres commerciaux sont plus longues. Ainsi **Palladium** (Náměstí Republiky 1 - 16, M° Náměstí Republiky, www.palladiumpraha.cz) ouvre de 9h à 22h du jeudi au samedi et jusqu'à 21h du dimanche au mercredi. Pratique, le supermarché **Billa** est ouvert 7j/7 (V Celnici 1031/4, M° Náměstí Republiky, ☎ 725 206 114, t.l.j. 7h-23h, 8h le dim.). La plupart des magasins acceptent les cartes bancaires, sauf les petites boutiques et les brocanteurs ou antiquaires, qui préfèrent le paiement en espèces.

LES SOLDES

En République tchèque, il n'existe à ce jour pas de réglementation sur les dates de début et de fin des soldes. Ils peuvent donc se pratiquer tout au long de l'année. Cependant, des vagues de réduction se déroulent **après Noël et courant janvier.**

LES « NOUVELLES GALERIES »

Ne manquez pas de traverser les *pasáž* (galeries), typiques de l'atmosphère commerçante de Prague. Les plus remarquables s'inscrivent dans le style Art nouveau, avec une débauche de chromes, miroirs, marbres et coupoles en verre : la galerie du **palais Koruna** (1910-1914), Václavské náměstí 1 (H8/I8 - M° Můstek) et celle du **palais Adria** (1923-1925), Národní 40 (H8 - M° Můstek) sont superbes. Découvrez également le **passage Lucerna** (D3, p. 77). Vous y trouverez surtout des *antikvariát* (bouquinistes) ou des boutiques locales, à l'exception de la galerie **Pánská pasáž** (I7 - Na Příkopě 23, M° Můstek, www.panskapasaz.cz, t.l.j. 9h-23h), la plus moderne de la ville, où vous tomberez notamment sur une marque de maroquinerie et d'accessoires pour hommes (Gentleport).

SE REPÉRER

Chaque adresse de boutique est associée à une pastille rouge numérotée. Vous retrouverez toutes les adresses positionnées sur le plan détachable.

Boutiques
PAR QUARTIER

Staré Město, côté pont Charles (Quartier 1 - p. 24)

MANUFAKTURA
Artisanat ② Plan H7

Vous reconnaîtrez ces magasins à leurs vitrines débordant d'objets en bois et tissus bleus. Baignés dans une chaleureuse atmosphère de produits naturels, les œufs peints (de 62 à 180 Kč) se mêlent aux cosmétiques naturels (de 115 à 795 Kč), aux jouets en bois (de 80 à 600 Kč), aux petits objets de décoration et aux ustensiles de cuisine (de 65 à 789 Kč). Une visite s'impose pour découvrir le meilleur de l'artisanat tchèque traditionnel. Parmi les sept magasins de Prague : Celetná 12 • M° Náměstí Republiky • ☎ 601 310 608 • www.manufaktura.cz

• Dim.-jeu. 10h-20h, ven.-sam. 10h-21h • Autres adresses : Karlova 26 (G7) et Melantrichova 17 (H7).

PRODEJNA U SALVÁTORA
Gastronomie ③ Plan G8

On atteint cette boutique d'épices par une ruelle aux pavés déformés. Dès l'entrée, un mélange de parfums vous rappelle tout à la fois l'anis, le basilic, la cannelle, le thym et la vanille. Demandez la carte indiquant d'un côté les épices et les herbes (10 sortes de poivre - *pepř* en tchèque - dont le poivre vert à 48 Kč les 30 g) et de l'autre les mélanges préparés (*gulášové koření* pour le goulasch, 27 Kč les 40 g), servis dans des sachets de papier, à des prix dérisoires. Náprstkova 2 • M° Staroměstská, puis tram 17 ou 18, arrêt Karlovy lázně • ☎ 222 221 161 • www.prodejnausalvatora.cz • Lun.-ven. 10h-18h.

DEBUT GALLERY
Design/mode ④ Plan H7

Dans ce concept store, les jeunes designers tchèques et slovaques se bousculent sur les étagères. Ainsi vous trouverez des vases de Milan Pekař (de 5 000 à 30 000 Kč) et une panoplie de vêtements.

Très en vue, les bracelets Zorya (de 7 000 à 8 000 Kč) mêlent avec brio du cristal et de la corde en lin.
Malé náměstí 12 • M° Staroměstská • ☎ 602 600 058 • T.l.j. 10h-20h.

LÍPA
Artisanat ⑤ Plan H7

En tchèque, *lípa* signifie le « tilleul », symbole de la Bohème. C'est également le nom qu'a choisi la créatrice de cette boutique, installée ici depuis 2017. Et pour cause : le motif de l'arbre sert de fil rouge graphique à tous les produits qu'elle propose. Des objets en céramique à la collection « Home » (bols, produits textiles, de 199 et 2 500 Kč) en passant par des mugs en porcelaine et de la papeterie raffinée, ici, tout est produit de manière locale et artisanale. Et pour les becs sucrés, il y a aussi des thés, du chocolat, du miel et le fameux sirop de tilleul (229 Kč).
Malé náměstí 4/10 • M° Staroměstská • ☎ 728 459 699 • www.lipastore.cz • T.l.j. 11h-18h.

Staré Město, au cœur de la Vieille Ville (Quartier 2 - p. 32)

MATERIAL
Déco/bijoux ⑥ Plan H7

Ce magasin a plus de 200 ans, mais le design de cette boutique et de ses objets est bien contemporain ! Vous aurez le choix entre des pièces simples et abordables (à partir de 1 000 Kč pour des verres), des lustres (à partir de 21 000 Kč) et des perles de verre (à partir de 200 Kč). Pour tout achat effectué, un certificat de cristal de Bohême est délivré, vous garantissant que l'objet a été produit en édition limitée.
Týn 1 (Ungelt) • M° Náměstí Republiky • ☎ 608 664 766 • www.i-material.com • T.l.j. 10h-20h.

GRANÁT TURNOV
Grenats ⑦ Plan I7

En direct de la coopérative artisanale de Turnov, les grenats montés sur or ou argent sont classiques mais à des prix « sortie d'usine » très compétitifs : à partir de 760 Kč la bague de grenats

Le top des boutiques 100 % TCHÈQUES

Joaillerie, couture, design... les créateurs tchèques ne manquent pas d'imagination, et ils le prouvent, quel que soit le domaine ! Certains d'entre eux ont même fait le pari de continuer à produire dans le pays pour préserver des savoir-faire parfois ancestraux. Tour d'horizon des meilleures boutiques du genre.

LEEDA

Pièces uniques garanties chez Lucie Kutálková. Voir p. 177, **Nové Město.**

KURATOR

Pour s'habiller tchèque de la tête aux pieds, c'est par ici ! Voir p. 175, **Nové Město.**

GRAND MAGASIN BAŤA

L'iconique chaussure tchèque. Voir p. 174, **Nové Město.**

BOHEMIA PAPER

Sur les traces des traditions de l'imprimerie de Bohême. Voir p. 168, **Staré Město.**

PLAYBAG

Le sac de vos rêves vous attend ici. Voir p. 183, **Žižkov.**

BOTAS 66

En tchèque jusqu'au bout des pieds ! Voir p. 182, **Žižkov.**

Botas 66

montés sur argent et de 2 400 Kč celle en or. Comptez minimum 1 250 Kč pour un collier et 800 Kč pour une paire de boucles d'oreilles.
Panská 1 • Mº Můstek • ☎ 224 247 463 • www.granat.eu • Lun.-ven. 10h-18h, sam. 10h-13h.
Autre adresse : Havířská 3.

KUBISTA
Design ⑧ Plan I7

Kubista s'est spécialisé dans le cubisme sous toutes ses formes. Outre un très riche rayon de livres sur le sujet, on y dégotte des objets originaux

Kubista, p. 167

et des reproductions des grands noms du cubisme tchèque. Ainsi pourra-t-on s'offrir une copie d'un Vlastislav Hofman, designer tchèque, pour 1 750 à 8 800 Kč (vases, tasses, etc.), ou encore une tasse contemporaine de Pavlína Lubomírská (550-725 Kč). On pourra également craquer sur des vases ou tout simplement du papier cadeau.
Ovocný trh 19 • M° Náměstí Republiky • ☎ 224 236 378 • www.kubista.cz • T.l.j. 10h-19h.

BOHEMIA PAPER - JAN PETR OBR
Papeterie ⑨ Plan H7

L'écriture et le papier retrouvent ici leurs lettres de noblesse. Jan Petr Obr redonne vie à la longue tradition de l'imprimerie de Bohême. On trouvera de très jolies cartes imprimées (à partir de 70 Kč) inspirées de cartes anciennes, de dessins botaniques et Art nouveau, mais aussi du papier (magnifique !) de correspondance et des stylos haut de gamme. À noter, les cartes de visite faites sur place et les cartons de mariage sont même exportés aux États-Unis !
Place de la Vieille-Ville 12 (Staroměstké náměstí) • M° Staroměstská • ☎ 775 150 466 ou 266 712 566 • www.bohemiapaper.cz • Lun.-ven. 10h-18h, sam.-dim. 11h-18h.

BOTANICUS
Artisanat ⑩ Plan H7

Botanicus est l'un des plus beaux succès tchèques, qui s'exporte jusqu'en Asie. Faisant pousser

ses propres plantes et herbes 100 % bio dans sa ferme d'Ostrá de 30 ha, la marque fabrique des produits cosmétiques de manière traditionnelle et manuelle. On craquera pour ses savons (à partir de 85 Kč), huiles pour le corps (à partir de 190 Kč), crèmes... mais aussi pour son miel et ses confitures.
Týn 3 (Týnský dvůr) • M° Náměstí Republiky • ☎ 234 767 446 • www.botanicus.cz • T.l.j. 10h-20h (18h30 janv.-mars et oct.-nov.).

MODERNISTA
Design ⑪ Plan I7

À l'intérieur de la sublime Maison municipale (p. 32), Modernista propose des rééditions d'objets des plus grands designers tchèques, dont des porcelaines de chats de Jaroslav Ježek (490-690 Kč). Le design contemporain n'est pas oublié avec la botte de Velčovský (5 700 Kč) du célèbre Maxim Velčovský. Des livres sur le cubisme sont à feuilleter.
Maison municipale (Obecní dům), Náměstí Republiky 5 • M° Náměstí Republiky • ☎ 222 002 102 • www.modernista.cz • T.l.j. 10h-18h.

BARTIDA
Gastronomie ⑫ Plan H7

Caché dans un passage, le Bartida est un bar-magasin de spiritueux si joli qu'on a du mal à en sortir... C'est ici qu'on achètera son absinthe tchèque Žufánek Mead (780 Kč pour 0,5 l) ou une bouteille de Bartida Slivovice (479 Kč pour 70 cl), à base de prune et distillée par l'entreprise indépendante Žufánek. Vous pourrez leur préférer la liqueur de menthe Zelená (227 Kč pour 1 l).
Havelská 25 • M° Můstek • ☎ 224 281 247 • www.bartidashop.cz • Lun.-sam 12h-22h.

Modernista

Josefov (Quartier 3 - p. 44)

INGREDIENTS
Cosmétiques ⑬ Plan G6

Entre deux visites dans la Vieille Ville, ne manquez pas de faire un tour dans cette boutique au design épuré. On vient ici chercher des produits de beauté de toutes sortes (crèmes, parfums, shampooings, etc.) : Omorovicza, Kilian, Le Labo, Byredo, Aesop...
Maiselova 21 • M° Staroměstská • ☎ 224 239 477 • www.ingredients-store.com • Lun.-ven. 11h-19h (sam. 18h).

KLÁRA NADEMLÝNSKÁ
Mode femme ⑭ Plan H6

Dans cette jolie boutique, la styliste Klára Nademlýnská propose une ligne de vêtements et d'accessoires originaux. Ses créations fluides, colorées et très féminines sont sobres et élégantes, parfois insolites.
Les robes (de 7 000 à 25 000 Kč) voisinent avec les chemisiers rayés (de 4 000 à 9 000 Kč), tandis que les cotons imprimés côtoient les soies colorées.
Dlouhá 3 • M° Staroměstská • ☎ 224 818 769 • www.klaranademlynska.cz • Lun.-ven. 10h-19h, sam. 10h-18h.

TIMOURE & GROUP
Mode femme ⑮ Plan H6

Les créations d'Alexandra Pavalová et d'Ivana Šafránková sont sobres, élégantes et confortables. Leurs vêtements – notamment de très beaux tailleurs-pantalons – sont à la fois classiques et modernes, jouant des couleurs comme des matières (robes de 3 000 à 7 000 Kč, chemises et pantalons de 3 000

Klára Nademlýnská

à 4 000 Kč). Leur collection est d'une grande fraîcheur, tout aussi séduisante et irrésistible que leurs jolies cabines d'essayage.
V Kolkovně 6 • M° Staroměstská • ☎ 222 327 358 • www.timoure.cz • Lun.-ven. 10h-19h, sam. 11h-17h.

PLAKATY POSTERS
Affiches ⑯ Plan I6

Cette boutique aux faux airs de musée est une pépite pour tous les amoureux de graphisme et de publicité. Depuis 20 ans, elle collectionne les vieilles affiches de l'époque tchécoslovaque (film, théâtre, art, histoire) et réimprime en posters (de 100 à 300 Kč) des originaux en voie de disparition. On peut aussi y dénicher quelques cartes postales sympas.
Rybná 21 • M° Náměstí Republiky • www.agenturaprovas.com • Lun.-ven. 10h-18h.

VIDDA - GALLERY NOVESTA
Baskets/mode ⑰ Plan H6

Produites en Slovaquie, ces baskets à l'épaisse semelle de caoutchouc font leur retour (la marque existe depuis plus de 40 ans). Relookées, elles sont devenues un *must have* (1 590-3 900 Kč). Des bijoux stylisés sont également en vente (à partir de 1 260 Kč). Et n'oubliez pas de jeter un œil aux vêtements de designers tchèques et slovaques triés sur le volet.

Plakaty Posters

Elišky Krásnohorské 9 • M° Staroměstská • ☎ 734 574 868 • www.vidda.cz • T.l.j. 9h-20h.

TALACKO
Musique ⑲ Plan I6

Une mine pour tous les musiciens en quête de partitions ! Tous les grands compositeurs de classique sont référencés, en particulier Dvořák et Bartók. Le prix est fixé en fonction de la taille de la partition (à partir de 100 Kč). Les compositeurs modernes ne sont pas en reste, ni la variété. Également quelques biographies en anglais et en allemand, et des bases pour apprendre tous les instruments (certaines en français).
Rybná 29 • M° Náměstí Republiky • ☎ 224 813 039 • www.talacko.cz • Lun.-ven. 10h-18h, sam. 10h-16h.

Malá Strana, côté royal (Quartier 5 - p. 56)

TRUHLÁŘ MARIONETY
Marionnettes ⑳ Plan C2

Marionnettes en bois, en céramique ou en plâtre se balancent gaiement au plafond de ce petit magasin. Soucieux de la qualité de ses figurines, le propriétaire, Pavel Truhlář, s'approvisionne auprès d'une soixantaine d'artisans tchèques triés sur le volet. À vous de choisir parmi quelque 1500 modèles (de 100 à 50 000 Kč), à moins de leur préférer des marionnettes pour les doigts ou des jeux en bois.
U Lužického semináře 5 • M° Malostranská • ☎ 602 689 918 • www.marionety.com • T.l.j. 10h-19h.

NOSTALGIE
Céramique/mode ㉑ Plan C2

Peintes ou au naturel, ici, les céramiques sont toutes faites main en République tchèque. À noter, les ravissants services à café ou à petit déjeuner (à partir de 700 Kč) aux formes et aux couleurs variées. Assiettes, vases et amphores sont aussi en vente. Également des vêtements de Marie Fleischmannová, la propriétaire (chemise de lin faite main : 1400 Kč), et des œuvres graphiques.
U Lužického semináře 8 • M° Malostranská • ☎ 602 838 033 • T.l.j. 14h-18h.

DESIGNUM
Design ㉒ Plan B2

Dans cette petite boutique « ouverte aux amoureux de design », vous trouverez un grand choix de porcelaines, bijoux et objets en cristal. Le fruit de l'imagination de designers tchèques, qu'ils soient connus (vases de Daniel Piršč, de 9 000 à 19 000 Kč) ou de jeunes talents en devenir (colliers de Zorya Label de 5 000 à 18 000 Kč).
Nerudova 27 • Tram 12, 20 ou 22, arrêt Malostranské náměstí • ☎ 257 317 960 • www.designum-galerie.cz • T.l.j. 10h-18h.

Les hauts de Hradčany (Quartier 7 - p. 66)

MARIONETY
Marionnettes ㉓ Plan B2

En bois, en résine, en céramique et en plâtre, ces marionnettes de fabrication artisanale tchèque sont très expressives et d'un fini impeccable. Des animaux plus ou moins extraordinaires y côtoient des personnages de contes de fées, sans oublier les inévitables sorcières. De 450 à 100 000 Kč.

Nerudova 51 • Tram 12, 20 ou 22, arrêt Malostranské náměstí • ☎ 604 230 945 • www.czechmarionettes.com • T.l.j. 10h-18h.

ŠIROKÝ DVŮR
Disquaire ㉔ Plan A2

Ce minuscule magasin de CD et de DVD est une merveille pour les amateurs de musiques classique, jazz mais aussi folk tchèque et slovaque. Son catalogue peut s'enorgueillir d'enregistrements de 1922 à aujourd'hui. Parmi les perles, des chansons de Dvořák, jusqu'alors jamais enregistrées, et interprétées par la soprano Alexandra Berti (329 Kč).
Loretánské náměstí 4 • Tram 22, arrêt Pohořelec • ☎ 220 515 403 • www.cdmusic.cz • Mar.-sam. 10h-13h et 14h-18h.

Marionety

HRAČKY HOUPACÍ KŮŇ
Jouets ㉕ Plan A2

Ivan Karhan est un passionné de jouets traditionnels pour enfants. Dans sa boutique, il rassemble des objets tchèques qui plaisent aussi bien aux petits qu'aux grands : tracteur 4 vitesses (985 Kč) et téléphérique (675 Kč) aux looks vintage, jeux de construction Merkur et objets en bois autour de Krtek, la petite taupe, héroïne nationale… On en oubliait presque les ours en peluche ! Prix sages.
Loretánské náměstí 3 • Tram 22, arrêt Pohořelec • ☎ 603 515 745 • T.l.j. 10h30-18h.

La colline de Petřín (Quartier 8 – p. 72)

PRAŽSKÝ ALMANACH
Antiquités ㉖ Plan B3

De ces étalages remplis de livres souvent poussiéreux et au fond de ces mallettes pleines de photos en noir et blanc, de tranches d'histoire, de dépliants, d'affiches, on peut extirper des raretés. Il y a aussi quelques livres en français aux reliures intéressantes. De bonnes idées de souvenirs à rapporter.
Újezd 26 • Tram 12, 20 ou 22, arrêt Hellichova • ☎ 224 812 247 • www.artbook.cz • Lun.-ven. 11h-13h, 14h-18h.

Nové Město (Quartier 9 - p. 76)

GRAND MAGASIN BAŤA
Chaussures ㉗ Plan H8

Créée en 1894, la célèbre marque de chaussures tchèque a essaimé ses usines de par le monde dès 1931. Il faudra attendre 1989 pour que la famille Baťa récupère les usines des pays de l'Est, nationalisées en 1945. Vous pourrez parcourir les étages du bâtiment phare, conçu en 1928 par Ludvík Kysela, un exemple typique d'architecture fonctionnaliste. Vous y dénicherez des souliers Baťa (à partir de 399 Kč), parmi d'autres marques.
Place Venceslas 6 (Václavské náměstí) • M° Můstek • ☎ 221 088 478 • www.bata.cz • Lun.-sam. 9h-21h, dim. 10h-21h.

PRAGTIQUE
Souvenirs ㉘ Plan H8

Si vous cherchez un souvenir à rapporter de votre séjour, c'est ici qu'il faut venir ! Aucune erreur possible : depuis ses débuts, Pragtique s'emploie à « déringardiser » les objets cadeaux avec des produits uniquement fabriqués dans le pays. Dans une ambiance épurée, on pioche stickers, magnets, mugs, crayons, T-shirts et affiches sérigraphiés (560-890 Kč). Sans oublier les gaufres rondes *(lázeňské oplatky)*, la fierté gourmande nationale (149 Kč) ! Sachez qu'il y a depuis peu une seconde boutique Pragtique de l'autre côté de la Vltava (Mostecká 20).
Platýz pasáž, Národní 416/37 • M° Můstek • www.pragtique.cz • Lun.-sam. 11h-19h.

BOHEMANIA
Mode femme ㉙ Plan H8

Jaune de l'extérieur et rose à l'intérieur, Bohemania a pris ses quartiers dans une ancienne chapelle néogothique du jardin des Franciscains. Outre les Petit Bateau, Bensimon et Antoine & Lili qui n'étonneront personne, les créations de designers locaux prouvent ici tout leur savoir-faire, des robes (de 400 à 5 000 Kč) aux pulls (de 300 à 3 000 Kč). La collection Tribu Vintage (chapeaux, foulards, ceintures, tops, robes, jupes et autres sacs provenant de toute l'Europe)

Pragtique

Bohemania

met notamment l'accent sur les matières naturelles et de grande qualité (coton, soie, lin et cuir). Le rayon accessoires (à partir de 100 Kč) est remarquable.

Františkánská zahrada - pavillon • M° Můstek • ☎ 777 654 389 • www.bohemania.com • Mer.-ven. 11h-19h, sam. 13h-18h, f. dim.-mar.

KURATOR
Mode femme ㉚ Plan G8

La jeune et pétillante Martina Malá - qui a reçu le prix « Czech Grand Design » en 2015 - travaille presque comme une galeriste, choisissant seulement quelques pièces de jeunes et célèbres marques locales et internationales. Son concept ? Présenter son « assemblage » au public pendant quelques semaines, puis le renouveler. Les prix varient selon les pièces, mais il y en a pour toutes les bourses (de 70 à 20 000 Kč). À voir absolument.

Karolíny Světlé 17 • M° Národní třída • ☎ 737 144 667 • www.kurator.cz • Mar.-ven. 12h-18h.

JAN PAZDERA
Photo rétro ㉛ Plan D3

Les amateurs de photographie (et fans de déco) trouveront leur bonheur dans cette boutique. Parmi les vieux appareils photo (dont 98 % fonctionnent), de nombreux objectifs et caméras 8 et 16 mm... La porte voisine propose télescopes et appareils numériques dernier cri (à partir de 1 502 Kč).

Notre top
POUR REFAIRE SA DÉCO

Plus de doute à avoir sur la qualité et la créativité des designers tchèques : depuis Maxim Velčovský et sa botte en caoutchouc devenue un vase en céramique, le design a pris son envol à Prague ! Faites un tour dans les boutiques que nous avons sélectionnées, peut-être vous laisserez-vous tenter...

Kubista

DESIGNUM

Le temple des designers tchèques. Voir p. 172, **Malá Strana.**

DOX BY QUBUS

La boutique du Centre d'art contemporain est une véritable caverne d'Ali Baba. Voir p. 184, **Holešovice.**

TERRYHO PONOŽKY

Si vous aimez le graphisme et le cinéma, vous adorerez farfouiller dans ses bacs à la recherche de la perle rare ! Voir p. 179, **Nové Město.**

KUBISTA

Et si vous mettiez une touche de cubisme dans votre intérieur ? Voir p. 167, **Staré Město.**

ATELIÉR DAIČ – KERAMIKA

Des céramiques fabriquées à la main dans cet atelier familial. Voir p. 182, **Vyšehrad.**

DOX by Qubus

Vodičkova 28, pasáž U Nováků • M° Můstek • ☎ 224 216 197 ou 737 762 506 • www.fotopazdera.cz
Bazar (vieux appareils) : lun.-ven. 10h-18h, sam. 10h-13h.
Magasin (appareils numériques) : lun.-ven. 9h30-18h, sam. 9h-13h.

HUGO CHODÍ BOS
Jouets/vêtements ㉜ Plan D3

Une caverne d'Ali Baba pour les enfants et pour les parents en quête de jouets et de produits design. Ici, pas de risque de *made in China* ! Tout est fabriqué dans le pays - ou dans la Slovaquie voisine. Gros choix du côté des jouets : du Yo-Yo en bois (120 Kč) au xylophone en métal (544 Kč) en passant par les petites voitures, les doudous et les puzzles. On y trouve aussi des vêtements pour les 0-12 ans ainsi qu'une jolie sélection de livres.
Řeznická 1374/12 • M° Můstek, Karlovo náměstí ou Národní třída • ☎ 602 834 930 • www.hugochodibos.cz • Lun.-ven. 10h-18h.

OOKIDOO
Livres/jouets ㉝ Plan C3

Ookidoo a commencé son activité en ligne avant d'ouvrir ce premier magasin à Prague. Devenue une référence dans le pays pour l'univers de l'enfant, cette marque propose des livres tchèques ainsi que des jeux et jouets tchèques, français et scandinaves principalement. Idéal si vous avez oublié un cadeau ! La petite boutique est très mignonne.
Ostrovní 21 • M° Národní třída • ☎ 723 013 012 • www.ookidoo.com • Mar.-jeu. 11h-18h, ven. 11h-16h.

LEEDA
Mode femme ㉞ Plan G8

Lucie Kutálková continue d'agiter la scène de la mode avec sa marque Leeda. Matières légères, déstructurées ou près du corps, les coupes ont toujours une longueur d'avance sur les tendances. Sa boutique s'étoffe de bijoux d'autres créateurs tchèques (de 2 500 à 8 000 Kč). Une adresse incontournable. Comptez entre 2 000 et 23 000 Kč pour une robe, entre 3 000 et 11 900 Kč pour une jupe, et entre 1 390 et 3 490 Kč pour un T-shirt.
Bartolomějská 1 • M° Národní třída ou Můstek • ☎ 775 601 185 • www.leeda.cz • Lun.-sam. 11h-19h.

PIETRO FILIPI
Mode homme ㉟ Plan H8

Sous ce nom très italien se cache en réalité une marque tchèque créée en 1993. Fabriqués dans le pays ou en Slovaquie, ces classiques de bonne qualité se déclinent au quotidien, au travail, en week-end et également en soirée (entre 2 490 et 5 490 Kč le pantalon, et entre 1 990 et 4 490 Kč la chemise/chemisier).
Národní třída 31 • M° Národní třída • ☎ 724 346 793 • www.pietro-filipi.com • T.l.j. 10h-20h.

K-A-V-K-A
Librairie 36 Plan G8

Première librairie à Prague exclusivement dédiée aux livres d'art, de photographie, de design et d'architecture. Cette adresse invite à feuilleter notamment des ouvrages de maisons d'édition locales, la plupart en tchèque mais aussi en anglais. Ainsi, Fototorst publie des livres de photos (333 Kč), dont ceux de Jan Langhans (p. 99). Également galerie d'art.

Krocínova 5 • M° Národní třída • ☎ 606 030 202 • www.kavkaartbooks.com • Lun.-ven. 11h-18h.

PAPELOTE
Papeterie 37 Plan C3

C'est un rêve pour les amateurs de papiers et de crayons ! Difficile de repartir les mains vides de cette boutique... Les couvertures en tissu pour les livres (189 et 229 Kč) lui ont valu le prix du « Czech Grand Design » en 2011. Sans oublier le grand classique des portemines Koh-i-noor (69 Kč). On adore !

Vojtěšská 9 • M° Můstek ou Karlovo námestí • ☎ 774 719 113 • www.papelote.cz • Lun.-ven. 11h-19h, sam. 12h-18h.

Phono.cz

LES HOUBELES
Gastronomie 38 Plan I8

S'il y a bien un sujet sur lequel les Tchèques ne plaisantent pas, c'est la cueillette des champignons, leur hobby préféré. Chez Les Houbeles, on trouve tout pour une récolte prometteuse : des paniers en osier à rabat (de 310 à 790 Kč), parfaits à recycler en paniers de pique-nique ; des bottes (de 899 à 2 500 Kč) ; un *rybička* de Mikov, un genre d'Opinel en forme de poisson (130 Kč)... Et bien sûr des champignons secs séchés au soleil (150 Kč).

Růžová 7 • M° Hlavní nádraží • ☎ 604 288 601 • www.leshoubeles.cz • Lun.-jeu. 9h-18h30 (ven. 18h), sam. 10h-16h.

PHONO.CZ
Disquaire 39 Plan C3

Minuscule, la boutique est toujours pleine d'amoureux de vinyles neufs ou *second hand*. Les rythmes s'enchaînent autour du funk, de la soul, du reggae, du jazz, du hip-hop alternatif et des sons afro-latins et brésiliens... Comptez environ 100 Kč pour les disques qui se trouvent près des vieilles

platines (10-2 000 Kč). Le vendeur, Martin Mikuláš, est aussi DJ. Demandez-lui où il joue et ses adresses préférées pour sortir.
Opatovická 24 • M° Národní třída ou Můstek • ☎ 222 521 448 • www.phono.cz • Lun.-ven. 13h-19h.

HARDDECORE
Design/mode ⑩ Plan D2

La créativité déborde dans cette boutique où Petr Bakoš et Josefína Bakošová, les propriétaires et la crème des designers tchèques, dévoilent tout son dynamisme à travers des vêtements, des objets déco et des accessoires. Au hasard : des broches (de 360 à 3 000 Kč), des vêtements de Josefína Bakošová (manteaux à partir de 9 900 Kč et robes à partir de 4 900 Kč) ou encore ces abat-jour de Petr Bakoš (à partir de 300 Kč).
Senovážné náměstí 10 • M° Náměstí Republiky • ☎ 775 417 230 • www.harddecore.com • Lun.-ven. 11h-19h, sam. 11h-17h.

THE ROOM BY BASMATEE
Mode homme ㊶ Plan D3

Toute la jeunesse branchée de Prague défile dans ce magasin signé du bureau d'architecture local Skvadra Architekti. Une sélection de vêtements de marques triées sur le volet (Libertine, Royal Republiq, etc.) pend avec nonchalance sur les grosses cordes tendues au travers de la pièce. Les T-shirts se vendent à partir de 1 200 Kč, tandis qu'il faudra compter au moins 2 200 Kč pour un pantalon.
Školská 7 • M° Můstek, Karlovo náměstí ou Národní třída • ☎ 222 967 770 • www.basmatee.cz • Lun.-jeu. 11h-19h, ven. 11h-18h, sam. 12h-17h.

TERRYHO PONOŽKY
Affiches ㊷ Plan I8

C'est le QG des cinéphiles ! Judicieusement situé à côté des guichets du cinéma Kino Světozor, Terryho Ponožky (ou Terry Posters) installe ses bacs à disposition de tous les spectateurs et les curieux. Classés par taille et par pays, on y trouve quantité de posters de films plus ou moins vieux, plus ou moins connus. Et vu l'intérêt des Tchèques pour les films français et plus particulièrement ceux de la Nouvelle Vague, il y a de quoi trouver des cadeaux vraiment originaux.
Vodičkova 41 • M° Můstek • ☎ 224 946 829 • www.terry-posters.com • Lun.-ven. 10h-19h, sam. 12h-17h • Posters : à partir de 100 Kč.

LAHŮDKY ZLATÝ KŘÍŽ
Gastronomie ㊸ Plan H8

C'est entre les produits frais et les confiseries tchèques que vous trouverez la bouteille jaune et vert de la Becherovka, la « treizième source de Karlovy Vary ». On prête à cet alcool, fabriqué à partir de plantes ayant macéré dans l'eau curative de la ville thermale, des vertus digestives. À boire à l'apéritif, bien frais, dans de petits verres, ou en cocktail, comme le Beton, avec du tonic.

Jungmannova 34 • M° Můstek • ☎ 222 519 451 • www.lahudkyzlatykriz.cz • Lun.-ven. 6h30-19h, sam.-dim. 9h-15h.

Karlovo náměstí (Quartier 10 - p. 82)

POLÍ5 & DAY AFTER ALIANCE - REKOMANDO
Disquaire ㊹ Plan C4

Ne vous laissez pas impressionner par les rythmes metal poussés à fond, ni par le tatoué derrière le comptoir. Chez Polí5, tous les genres musicaux sont représentés, sur vinyle ou CD, avec une prédilection pour les œuvres underground ou non commerciales. Livres et T-shirts (à partir de 180 Kč) viennent compléter les étagères, et lectures, concerts et expositions font vibrer le lieu.

Trojanova 9 • M° Karlovo náměstí • ☎ 224 910 041 ou 733 769 228 • www.poli5.cz • Lun.-sam. 10h-18h.

GUMA
Artisanat ㊺ Plan D4

Dans cette boutique figée dans le temps et spécialisée dans le caoutchouc et le plastique, on déniche la girafe gonflable Fatra (320 Kč) au look rétro jaune poussin - qui a amusé tous les enfants tchèques. Quant à la voiture de course, aussi gonflable, redessinée par le designer Jan Čapek, elle se vend à 720 Kč.

Ječná 24 • M° Karlovo námestí • ☎ 605 257 198 • www.gumapraha.cz • Lun.-ven. 9h-18h.

NÁPLAVKA
Marché fermier ㊻ Plan C4

Situé sur les quais le long de la Vltava, ce marché est sans aucun doute l'un des plus populaires de Prague. Les habitants s'y pressent le samedi pour faire leurs courses auprès des bouchers, maraîchers, boulangers ou encore fromagers qui dressent leurs stands chaque semaine. Le café du Kávový Bar s'accompagne de quelques pâtisseries de « Votre Plaisir ». Aux beaux jours, des groupes de musique accompagnent le ballet des passants. Avant ou après une halte au marché, vous pouvez visiter la forteresse de Vyšehrad (p. 86).

Rašínovo nábřeží, Náplavka • M° Karlovo náměstí ou tram 2, 3, 10, 16 ou 17, arrêt Palackého náměstí • www.farmarsketrziste.cz/en • Sam. 8h-14h.

Nos meilleures ADRESSES GOURMANDES

Au rayon des bons produits tchèques, la bière bien sûr – l'une des meilleures au monde – mais aussi le vin morave, le fromage, les charcuteries ou encore les liqueurs de fruits. Prague, capitale de la gastronomie ? En tout cas, les saveurs de Bohême et de Moravie n'ont pas fini de nous enivrer.

BARTIDA

L'adresse où acheter une bouteille d'absinthe tchèque. Voir p. 169, **Staré Město.**

REAL MEAT SOCIETY

Une boucherie aux tendances rock'n'roll. Voir p. 182, **Karlovo náměstí.**

LAHŮDKY ZLATÝ KŘÍŽ

La Becherovka se trouve ici. Voir ci-contre, **Nove Město.**

MARCHÉS FERMIERS

Pour plonger au cœur des produits du terroir. Voir p. 180, **Karlovo náměstí**, p. 182, **Žižkov** et p. 184, **Holešovice.**

Marché fermier
Holešovická tržnice

REAL MEAT SOCIETY
Gastronomie ㊼ Plan C4

Paul Day, chef du restaurant **Sansho** (p. 129), est revenu à ses premières amours : la viande fraîche. Dans sa boucherie aux accents rock'n'roll (voir le graffiti dans la salle de travail), il coupe des morceaux comme nulle part ailleurs dans du cochon d'une ancienne race récemment réintroduite et maturé en chambre froide. De chez lui, on rapportera de la saucisse faite maison, du saucisson ou des champignons secs !

Náplavní 5 • M° Karlovo náměstí • ☎ 739 022 597 • www.trms.cz • Mar.-mer. 10h-18h, jeu.-ven. 10h-19h, sam. 10h-17h.

Real Meat Society

Vyšehrad (Quartier 11 – p. 86)

ATELIÉR DAIČ - KERAMIKA
Céramique ㊽ Plan C5

Dévouée à la poterie, la famille Daič vénère la terre tchèque, spécialement celle de la région de Hradec Králové. En poussant la porte de l'atelier familial, vous surprendrez Patrik derrière son tour et sa femme Andrea devant le four. Ils stopperont net leurs activités pour vous présenter (avec le sourire) leur production : tasses (de 170 à 300 Kč), soucoupes, vases (250-350 Kč), récipients, cruches à eau, décorés de paysages de campagne sur émail, et bijoux (120-250 Kč).

Vratislavova 38 • M° Vyšehrad • ☎ 737 803 281 • Mar.-sam. 10h-18h.

Karlín et Žižkov (Quartier 12 – p. 88)

BOTAS 66
Baskets ㊾ Plan F3

Créée en 1949, la marque Botana, devenue Botas, a suivi les foulées des sportifs, dont celles d'Emil Zátopek, héros national et l'un des plus grands coureurs de tous les temps. Jan Kloss et Jakub Korouš, alors étudiants en design, ont

donné un nouveau départ à ces baskets en les redessinant (entre 1390 et 2250 Kč). Chics et colorées, elles constituent le *must have* local.
Křížkovského 18 • M° Jiřího z Poděbrad • ☎ 775 045 486 • www.botas66.com • Lun.-ven. 11h-19h, sam. 11h-17h • Autre adresse : Skořepka 4 (H8) • ☎ 776 892 069 • Lun.-sam. 10h-19h, dim. 11h-17h.

JIŘÁK
Marché fermier (50) Plan F3

Le plus petit des marchés fermiers mérite le détour à plus d'un titre. D'abord pour sa localisation, dans le parc de Jiřího z Poděbrad, devant l'église du Sacré-Cœur (p. 89). Ensuite pour la qualité des produits proposés par les producteurs locaux. On repart d'ici avec un pot de confiture maison et on en profite pour goûter aux cupcakes de « Piece of Cake ». Impossible de ne pas craquer !
Náměstí Jiřího z Poděbrad • M° Jiřího z Poděbrad • ☎ 775 857 900 • www.trhyjirak.cz • Mer.-ven. 8h-18h, sam. 8h-14h.

PLAYBAG
Maroquinerie (51) Plan E3

Cette petite marque de maroquinerie et accessoires 100 % tchèque a ouvert sa première boutique dans le quartier de Žižkov. L'occasion de découvrir les créations de son fondateur, Aleš, originaire de la ville de Zlín : sacs (de 2500 à 5000 Kč), chaussures (de 1400 à 4300 Kč), ceintures (de 1000 à 2000 Kč) ou encore housses d'ordinateur (de 1000 à 3000 Kč).
Bořivojova 106 • M° Jiřího z Poděbrad • ☎ 778 027 629 • www.playbag.cz • Lun.-ven. 13h-20h, sam. 11h-15h.

POLAGRAPH GALLERY
Galerie photos (52) Plan E2

Nostalgiques des photos Polaroïd, cette adresse est pour vous ! La Polagraph Gallery remet au goût du jour l'appareil photo instantané en proposant un large choix de modèles neufs

Botas 66

ou d'occasion (Instax Mini de 1 799 à 2 990 Kč, Land Camera de 3 490 à 10 000 Kč), mais aussi des accessoires et magazines d'art. L'un des murs de la boutique est consacré à des expositions qui changent tous les deux mois.
Husinecká 948/14 • M° Florenc • ☎ 777 717 569 ou 604 564 707 • http://polaroidlove.cz • Lun.-ven. 11h-18h30.

Holešovice (Quartier 13 - p. 94)

KURÁŽ
Mode femme ⑤③ Plan D1

Face à cette ribambelle de marques tchèques et slovaques, difficile de choisir ! L'avantage ? On pourra s'habiller des pieds à la tête et accessoiriser son allure. On y dégotte des chaussons de gymnastique Jarmilky (240 Kč), fabriqués bien avant 1989 et devenus le dernier hit de l'été. Également des bijoux Jara Design : colliers (de 1 200 à 2 600 Kč) et boucles d'oreilles (dès 700 Kč).
Veletržní 48 • M° Vltavská • ☎ 608 449 804 • www.kuraz.cz • Lun.-ven. 11h-19h, sam. 11h-16h.

DOX BY QUBUS
Design
⑤④ Hors plan par E1 et carte p. 94

C'est dans le Centre d'art contemporain DOX (p. 95) que se trouve la Mecque du design. La boutique DOX by Qubus y présente le meilleur de la scène créative tchèque. Il y en a pour tous les goûts et toutes les bourses. Qubus, c'est aussi le studio de design de Jakub Berdych et Maxim Velčovský, qui produisent leurs propres pièces. L'une des plus connues reste Waterproof, un vase en porcelaine en forme de botte. Comptez de 5 700 à 9 290 Kč.
Poupětova 1a • M° Nádraží Holešovice ou tram 6 ou 12, arrêt Ortenovo náměstí • ☎ 607 546 776 • www.qubus.cz • Sam.-lun. 10h-18h, mer.-ven. 11h-19h.

GARAGE STORE
Disquaire ⑤⑤ Plan D1

Hip-hop, groove, électronique, rock, pop, reggae... chez ce disquaire, vous en trouverez à peu près pour tous les goûts, des fans de Leonard Cohen (490 Kč) à ceux de London Grammar (590 Kč).
Veverkova 6 • M° Vltavská • ☎ 602 208 360 • http://garage-store.net • Lun.-ven. 11h-19h, sam. 12h-16h.

JAKOBY
Mode femme ⑤⑥ Plan D1

Si vous êtes curieux de voir ce que propose la jeune génération de créateurs tchèques, ne manquez pas cette jolie boutique au design minimaliste. Sur les portants, on découvre les collections féminines de la créatrice Kristýna Bratinková, qui utilise principalement des matières naturelles comme le coton, la laine, la soie ou le lin.

Vous trouverez des robes (de 3 000 à 5 000 Kč) et des manteaux (de 7 000 à 12 000 Kč).
Veverkova 8 • M° Vltavská • ☎ 728 526 994 • Lun.-ven. 12h-19h, sam. 12h-16h.

PAGEFIVE
Librairie ㊲ Plan D1

On pourrait passer des heures à feuilleter les livres d'art de cette librairie moderne. À l'intérieur, un large choix d'ouvrages (en tchèque et en anglais) sur le design (*Shoe Design*, 950 Kč), la typographie ou encore la photo. On y trouve également des magazines d'art comme *Cereal* et *The Gentlewoman*, ainsi que des sérigraphies.
Veverkova 5 • M° Vltavská • ☎ 735 852 693 • www.pagefive.com • Lun.-ven. 10h-19h, sam.-dim. 11h-16h.

PageFive

HOLEŠOVICKÉ TRHY (HALA 22)
Marché fermier ㊳ Plan E1

C'est le marché fermier préféré des bobos et des hipsters. Abrités dans ce qui fut pendant un siècle, et jusqu'en 1983, les abattoirs de la ville, les producteurs s'y regroupent 6 j/7 pour écouler leurs marchandises à des prix défiant toute concurrence. Des primeurs aux fromages en passant par les saucissons de sanglier, il y a l'embarras du choix. Faites comme les Pragois, flânez dans les autres halles (beaucoup de grossistes de gadgets et d'accessoires) et attablez-vous à une des cantines. Ambiance bonne franquette assurée.
Bubenské nábřeží 13 (Holešovická tržnice - Hala 22) • ☎ 220 800 592 • www.prazska-trznice.cz • Lun.-ven. 7h30-17h, sam. 7h30-14h.

KONSEPTI
Design
㊴ Hors plan par F1 et carte p. 94

Voici le magasin parfait pour faire un cadeau original - ou craquer pour soi : on trouve toujours dans cette boutique design quelque chose qui nous plaît. Sont exposées des marques comme Vitra, Menu, Kartell, Magis, etc.
Komunardů 32 • M° Nádraží Holešovice • ☎ 266 199 452 • www.konsepti.com • Lun.-ven. 9h-18h, sam. 10h-15h • F. le sam. juil.-août.

L'artisanat de Bohême

Parmi les fleurons de l'artisanat de Bohême, le verre et le cristal tiennent le haut du pavé, rivalisant avec les productions de Venise et de Baccarat. Autre savoir-faire unique : la joaillerie du grenat, ce silicate rouge extrait dans le nord du pays. Attention à vos yeux, tout brille !

L'ART DU VERRE

Depuis le Moyen Âge, la **Bohême** pratique l'art du verre : perles pour bracelets et colliers, coupes soufflées, décor de la cathédrale Saint-Guy... Au XVIe s., les aristocrates de la cour des Habsbourg exigent des modèles plus raffinés, de style Renaissance et inspirés du cristal de Venise. Vers 1600, le **joaillier de Rodolphe II** (archiduc d'Autriche, empereur germanique, roi de Hongrie et de Bohême), Caspar Lehmann, applique au verre les techniques de gravure des pierres précieuses, avec des roues de bronze et de cuivre. Le verre gravé se développe grâce à lui en Bohême.

UměIecko-průmyslové muzeum

À LA TABLE DES ROIS

À partir de 1720, ces verres enrichis de dorures et de peintures se retrouvent à la table du roi de France. Ils seront même plus prisés que ceux de Venise ! Cent ans plus tard, on parvient à colorer le verre dans la masse ou en surface, à tailler des décors en relief sur de nouvelles nuances colorées. Puis le **comte Georg Buquoy** met au point une technique de verre opaque et épais, coloré, orné de motifs chinois (l'Europe découvre l'Orient), incrusté d'agate et de rubis. Utilisé pour les glaces, les assiettes et les bijoux, le **cristal de Bohême** devient célèbre.

HISTOIRES DE PLOMB

En France, la fabrication du cristal se fait avec du plomb, rendant le verre plus tendre, donc plus facile à tailler et à graver, et lui donnant des éclats lumineux. Plus il y a de plomb, plus cela brille. Certains maîtres verriers tchèques travaillent encore le verre sans plomb, selon la manière traditionnelle, comme la célèbre **maison Moser** (Na Příkopě 12 - I7-8, ou Staroměstké náměstí 603/15 - H7, www.moser.com, lun.-ven. 10h-20h, sam.-dim. 10h-19h). À Prague, l'étiquette « cristal » peut désigner un verre raffiné et de très bonne qualité, même s'il est fabriqué sans plomb. Ces modèles, gravés et taillés, valent aussi cher que du cristal français ou anglais.

Granát Turnov

LE ROUGE GRENAT DE BOHÊME

Quant au grenat de Bohême, « pyrope » de son vrai nom, il est utilisé à des fins médicinales et, en même temps, travaillé, taillé et serti dans du métal précieux jusqu'au Moyen Âge. Fin XVIe s., il est monté sur bague et exploité à Turnov, non loin du Český ráj (le « paradis tchèque »). L'un des tout premiers admirateurs de cette pierre est **Rodolphe II.**

UNE RENOMMÉE INTERNATIONALE

Rapidement, la réputation de cette pierre dépasse les frontières du royaume de Bohême. On raconte d'ailleurs que les dames de la **cour de Russie** se parent de grenats de Turnov en 1815, au congrès de Vienne, pour fêter la chute de Napoléon. Les bijoux en grenat courent le monde, les marchands et les grandes expositions. À la fin du XIXe s., les productions se diversifient. Le grenat envahit les coupe-papier, les cadres de photo, les poudriers ou encore les étuis à cigarettes. À partir de 1900, les joailliers suivent la mode de l'**Art nouveau** : arabesques et motifs végétaux sertissent les pierres sur les broches, les pendentifs, etc. Ces bijoux finissent d'asseoir la réputation des grenats dans le monde entier.

UNE PIERRE QUI PORTE BONHEUR

De tout temps, on a attribué au grenat des **facultés mystérieuses.** Par sa couleur rouge ardent, très foncé mais d'une transparence presque absolue, cette pierre évoque une goutte de sang. C'est pour cette raison qu'on lui prête le pouvoir d'apporter santé, vigueur, énergie ou courage. Il paraît même que le grenat met de bonne humeur ceux qui le portent... Symbole sanguin, il a été très tôt associé au mystère de l'Eucharistie. On le retrouve donc dans l'ornementation de l'orfèvrerie liturgique, comme sur les ostensoirs dorés ou les croix que l'on peut voir en visitant la galerie du **monastère de Strahov** (p. 66).

Carnet

PRATIQUE

Retrouvez toutes nos adresses localisées sur les cartes et plans grâce à un numéro coloré.

56	35	28
Restos	Bars	Boutiques

Le numéro renvoie à sa notice détaillée dans le chapitre concerné.

QUAND PARTIR ?

Prague est prisée par les touristes toute l'année, entre autres quand la neige rend la ville plus romantique que jamais (notamment lors des marchés de Noël). **Climat continental** oblige, les hivers sont froids, surtout en janvier-février, où la température peut descendre jusqu'à - 20 °C. La neige n'est pas rare en mars. L'été est chaud, il peut faire 35 °C en juillet et août.

POUR Y ALLER

EN AVION

Les compagnies low cost proposent de nombreux vols entre la France et la République tchèque. En étroite collaboration, **Air France** et la compagnie tchèque **ČSA** offrent plusieurs vols quotidiens au départ de Paris (1 h 40). Air France relie aussi Lyon (direct) ainsi que Strasbourg et Marseille (escale) à Prague. La compagnie **SmartWings** (tchèque) assure également une liaison Paris-Prague. Le prix d'un billet aller-retour varie entre 80 et 300 € selon la compagnie et la période de l'année. Réservez bien à l'avance !

Se renseigner avant de partir

Office national tchèque de tourisme - CzechTourism

Staroměstské náměstí 5 • ☎ 224 861 476 • www.czechtourism.com • Lun.-ven. 9h-18h, sam.-dim. 10h-17h.

Service d'information de Prague

www.prague.eu/fr (en français) et www.praguecitytourism.cz (en anglais).

Centre culturel tchèque

18, rue Bonaparte, 75006 Paris • ☎ 01 53 73 00 22 • http://paris.czechcentres.cz • Mar. et jeu.-sam. 13h-18h, mer. 13h-18h (f. sam. en juil.-août).

Ambassade de la République tchèque

15, av. Charles-Floquet, 75007 Paris • ☎ 01 40 65 13 00 • www.mzv.cz/paris/fr • Lun.-ven. 9h-13h et 13h30-17h30.

Consulat tchèque

18, rue Bonaparte, 75006 Paris • ☎ 01 44 32 02 00 • Lun.-mer., ven. 9h30-12h30.

Pensez-y !

Formalités

Pour les ressortissants de l'UE, la carte d'identité en cours de validité suffit. En cas de perte ou de vol, il est utile d'emporter une photocopie : **l'ambassade de France** (p. 198) pourra ainsi vous délivrer un laissez-passer plus rapidement. Les enfants mineurs non accompagnés de l'un de leurs parents doivent également être en possession d'une autorisation de sortie de territoire (formulaire à télécharger sur www.service-public.fr/particuliers/vosdroits/F1359).

Assurance

Les forfaits proposés par les voyagistes comprennent généralement une assurance assistance rapatriement mais non l'assurance annulation et bagages. À condition de régler l'achat de son billet d'avion ou de train avec une carte de paiement internationale, on bénéficie en général d'une bonne assistance médicale et rapatriement. Renseignez-vous avant votre départ auprès de votre organisme bancaire.

Santé

Demandez la **carte européenne d'assurance maladie** à votre centre de Sécurité sociale au moins un mois avant de partir. Elle permet un accès direct aux soins aux mêmes conditions que celles des assurés tchèques, et la dispense d'avance de frais (hospitalisation, consultation ou achat de médicaments). En cas de soins d'urgence, une participation du patient (« frais de régulation ») de 90 Kč est demandée, sauf si ces soins sont suivis d'une hospitalisation (**www.cleiss.fr**). Les animaux sont acceptés avec un certificat servant de passeport (vaccination antirabique datant de moins d'un an).

Douane

La République tchèque est membre de l'UE. Il y a donc libre circulation des biens entre les pays adhérents. Vous pouvez exporter sans taxe 90 l de vin (60 l pour les pétillants), 10 l de spiritueux et 4 cartouches de cigarettes. Les douanes exigent une licence d'exportation pour les objets de valeur. Si vous achetez un objet ancien, la mention « objet de moins de 50 ans » devra figurer sur la facture. Pour rapporter en France vos achats encombrants, la facture est indispensable : elle pourra vous être demandée à la douane. La société de déménagement **AGS** (accueil en français) propose ses services d'expédition avec un départ pour la France chaque semaine (entre 300 et 500 €).

AGS Prague : Na Jarově 2424/2 (HP par F2) • ☎ 286 882 160.
AGS Paris : ☎ 01 40 80 20 20.

• **Air France**
Depuis la France : ☎ 36 54 (t.l.j. 6h30-22h) • Depuis Prague : call centre ☎ 225 439 797, lun.-ven. 8h-20h, sam.-dim. 9h-17h30 ; guichet aéroport : ☎ 220 113 737, lun.-dim. 6h15-21h • www.airfrance.fr

• **ČSA**
Depuis Prague : ☎ 284 000 601 • T.l.j. 8h-20h • www.csa.cz/fr-fr

• **SmartWings**
Depuis la France : ☎ 00420 000 612 - (en anglais, 24h/24) • Depuis Prague : ☎ 284 000 611 • www.smartwings.com/fr

• **Transavia**
Depuis la France : ☎ 0892 058 888 (t.l.j. 8h-22h) • Depuis Prague : ☎ 352 270 02 728 (t.l.j. 8h-22h) • www.transavia.com

• **EasyJet**
Depuis la France : ☎ 0806 141 141 (t.l.j. 8h-20h) • www.easyjet.com

EN TRAIN

Depuis Paris, comptez entre 12 h et 17 h de trajet. Départ gare de l'Est ou gare du Nord, avec un changement en Allemagne, pour une arrivée à Prague gare Hlavní nádraží ou Holešovice. Billet aller-retour : de 300 à 600 €.
Infos et résa depuis la France : ☎ 36 35 (t.l.j. 7h-22h) • www.oui.sncf
Infos et résa depuis Prague : ☎ 221 111 122 • www.cd.cz/en (en anglais).

EN CAR

Les cars **Eurolines** relient plusieurs villes françaises à Prague : Paris, Lille, Lyon, Marseille, etc. Départ de la gare routière Paris-Gallieni t.l.j. à 18h (ven. et dim. 11h et 18h, 14 h 30 de trajet), arrivée le lendemain à proximité de la station de métro Florenc (lignes B et C). De 70 à 160 € l'aller-retour. La compagnie **FlixBus** relie Prague depuis Paris, Lille, Lyon, etc. Depuis Paris, le trajet le plus rapide (13 h 30) est au départ de Paris-Bercy, à 23h10 (de 40 à 150 €).

• **Eurolines France**
☎ 0892 891 200 (0,35 €/min) • www.eurolines.fr • Lun.-sam. 9h-18h.

• **Eurolines Prague**
Křižíkova 2110/2b (E2) • M° Florenc • ☎ 731 222 111 • Dim.-ven. 7h-18h30 (sam. 16h).

• **FlixBus France**
☎ 01 76 36 04 12 • www.flixbus.fr

• **FlixBus Prague**
Křižíkova 2110/2b, gare routière ÚAN Florenc (E2) • M° Florenc.

DORMIR À PRAGUE

QUEL QUARTIER ?

Pour un mini-séjour, offrez-vous le luxe de l'hyper-centre du côté de **Staré Město** et de **Josefov**. Mais méfiez-vous de la proximité avec certains sites très touristiques. Si vous recherchez le calme, pourquoi ne pas dormir du côté de **Petřín** et de **Hradčany** ? Au-delà de 3 jours sur place, visez des quartiers légèrement excentrés mais plus animés comme **Žižkov** et **Karlín**. Ambiance locale garantie. Et si vous voulez faire de votre séjour un mix entre art contemporain et nature, foncez du côté de **Letná** et de **Holešovice**.

Jours fériés

• **1er janvier :** jour de l'An • **Vendredi et Lundi de Pâques** • **1er mai** • **8 mai :** fête de la Libération de 1945 • **5 juillet :** fête des évangélisateurs Cyrille et Méthode • **6 juillet :** anniversaire de la mort du réformateur Jan Hus en 1415 • **28 septembre :** fête de l'État tchèque • **28 octobre :** anniversaire de la naissance de l'État tchécoslovaque indépendant en 1918 • **17 novembre :** révolution de Velours • **24, 25 et 26 décembre :** Noël.

Dans tous les cas, évitez de dormir côté rue si votre hôtel est situé sur le tracé d'une ligne de tram !

HÔTELS

Il en existe différentes catégories : les petits hôtels au charme local, les hôtels « design » récents, les hôtels de chaînes internationales et les *hostels* (auberges de jeunesse). Attention, certains d'entre eux ont des cloisons très fines laissant passer les ronflements du voisin...

Retrouvez notre sélection d'adresses p. 200.

TARIFS

Les prix des hôtels varient au gré des saisons touristiques. La haute saison s'étend en général du 1er avril au 31 octobre, puis du 15 décembre au 2 janvier avec des pics à Noël et Pâques. Parmi les adresses les moins chères, comptez de 1 345 à 3 000 Kč (50 à 111 €) la chambre double standard selon la saison. Pour les hôtels de charme et de luxe, comptez de 3 000 à 6 500 Kč (111 à 240 €). En payant à l'avance, les hôtels offrent parfois des réductions de 10 à 30 % du prix. Pour les petits budgets, il reste les auberges de jeunesse, dont certaines proposent des chambres doubles avec salle de bains privée et des appartements (**www.hostelbookers.com**). Parmi les plus attractives, citons Miss Sophie's, qui comprend une auberge de jeunesse et un hôtel (**www.miss-sophies.com**). Restent aussi les locations d'appartement et bien sûr Airbnb (**www.airbnb.fr**).

RÉSERVATIONS

Si vous n'avez pas acheté un forfait transport + logement auprès d'un tour-opérateur, il est recommandé de réserver votre hôtel par téléphone ou par Internet, même en dehors des périodes très fréquentées. Utilisez les agences de réservation en ligne : **www.booking.com, www.hotels.com** ou **www.lastminute.com** pour bénéficier des meilleurs prix.

SÉJOURS CLÉS EN MAIN

Les voyagistes proposent des formules week-end souvent avantageuses. Parmi les nombreuses possibilités, consultez les offres originales de **Voyageurs du Monde :** 55, rue Sainte-Anne, 75002 Paris • ☎ 01 42 86 16 00 • www.voyageursdumonde.fr • Lun.-sam. 9h30-19h.

SE DÉPLACER

DE L'AÉROPORT AU CENTRE-VILLE

Situé à environ 20 km au nord-ouest de la ville, l'**aéroport Václav Havel** est le seul aéroport *(letiště)* de Prague. Les avions venant de France atterrissent au terminal 2. Suivez la signalétique faite de pictogrammes pour repérer les bus ou taxis à la sortie de l'aéroport.
Rens. : www.prg.aero/en#

En bus + métro

Meilleure option pour atteindre la Vieille Ville : le **bus 119**. Il rejoint en 20 min (de 4h25 à 23h45) la station de métro **Nádraží Veleslavín** puis le métro de la ligne A (direction Depo Hostivař). Les stations Staroměstská ou Můstek sont situées au cœur de la Vieille Ville. Le trajet jusqu'au centre dure environ 35 min. Le comptoir des Transports publics de Prague (DPP) est situé dans le terminal 1 (t.l.j. 7h-21h). Vous pouvez y acquérir un ticket valable 90 min et utilisable dans le métro, le bus et le tram (32 Kč). En cas de bagage volumineux, achetez un ticket pour votre valise (16 Kč) en plus du vôtre.

En navette

L'arrêt de l'**Airport Express** se situe devant le hall du terminal 2. Cette navette (de 5h30 à 21h) rejoint en 15-35 min la gare principale de Prague. Le billet s'achète auprès du chauffeur et coûte 60 Kč. En chemin, elle s'arrête à Náměstí Republiky, près de la station de métro.

En taxi

Les courses sont onéreuses. À moins d'appeler un taxi de la **compagnie AAA** (☎ 14014 ou 222 333 222 • www.aaataxi.cz • 28 Kč/km), prenez directement un taxi de **Prague Airport Transfers** qui vous conduira à la porte de votre hôtel pour 625 Kč (☎ 222 554 211, 800 870 888, ☎ 01 70 70 79 76 depuis la France • www.prague-airport-transfers.co.uk). Comptez environ 30 min de trajet.

SUR PLACE

Titres de transport

Les tickets *(jízdenky)* s'achètent aux distributeurs des stations de métro, dans les kiosques à journaux, les bureaux de tabac ou les hôtels. On poinçonne son billet avant d'emprunter les Escalator dans le métro ou bien à l'entrée dans le tram. Il existe **deux types de billet**, l'un valable 30 min (24 Kč), l'autre 90 min (32 Kč), les deux pour emprunter métro et tram. Jusqu'à 6 ans, les enfants voyagent gratuitement, comme les personnes de plus de 70 ans. Les enfants (6-15 ans) et les seniors (65-70 ans) bénéficient d'un tarif réduit (12 ou 16 Kč selon la durée). Vous pouvez acheter un **forfait valable 1 jour** (110 Kč, 55 Kč avec réduction) **ou 3 jours** (310 Kč). Ces forfaits, ainsi que le ticket à 32 Kč, vous font accéder au funiculaire et aux bateaux qui relient les îles sur la Vltava.
• Rez-de-chaussée de la mairie : Jungmannova 29 (H8) • M° Můstek.

Prague Card

Elle permet l'accès aux principaux musées et monuments de la ville, et offre des réductions sur les visites guidées et les croisières. Elle est rentable si vous visitez au moins 5 musées (formule 2 j.) et utilisez les transports.

www.praguecard.com • En vente à l'office de tourisme place de la Vieille-Ville (H7) et dans les terminaux 1 et 2 de l'aéroport (hall d'arrivée) • Formule (avec option transport) 2 jours : 1 550 Kč ; 3 jours : 1 810 Kč ; 4 jours : 2 080 Kč ; tarif réduit pour les 6-15 ans et les étudiants.

• Passage souterrain de la station Můstek (H8) : T.l.j. 7h-21h.
• Renseignements en anglais : ☎ 296 191 817 (t.l.j. 7h-21h) • www.dpp.cz

En métro

Trois lignes de métro (« A » la verte, « B » la jaune et « C » la rouge) circulent dans la ville et sa périphérie tous les jours de 4h45 à minuit (ven.-sam. jusqu'à 0h20, dernier départ de Můstek).

En tramway

Les trams circulent de 5h à minuit, puis sont relayés par des nocturnes portant des numéros à deux ou trois chiffres commençant par un 5. Les horaires et le trajet des trams sont affichés à chaque arrêt, et leur ponctualité est remarquable. Vous pouvez découvrir les **plus beaux quartiers de la ville** grâce aux **lignes n°s 9, 22 ou 41** (ci-dessous) du tram, qui cheminent le long du fleuve et offrent une belle vue sur le Château, la colline de Petřín et la Maison qui danse. Pratique, la 22 vous mène du centre-ville au Château.

• Tram 41 : la ligne historique

Poinçonneur en uniforme, sonnette et tickets : faites un bond dans le temps à bord de ce tram en bois qui circule en haute saison. Depuis Vozovna Střešovice, le parcours dure un peu moins de 45 min et voit défiler le Château, le Théâtre national, Josefov, la place Venceslas, deux traversées de la Vtlava et Náměstí Republiky avant de finir près du musée Veletržní.
www.dpp.cz • En service d'avril à mi-nov. tous les w.-e. et j. fériés, de 12h à 18h • 35 Kč (enfants 20 Kč).

En funiculaire

Avec le même ticket (p. 193) que celui du tram et du métro, le funiculaire vous emmène sur la colline de Petřín, et jusqu'au terminus, Štefánikova hvězdárna (l'Observatoire). La vue y est superbe et la promenade très belle entre la forêt et les vergers. Accès au funiculaire par la rue Újezd au n° 17, dans Malá Strana.
Nov.-mars t.l.j. 9h-23h30 (toutes les 15/20 min) ; avr.-oct. t.l.j. 9h-23h30 (toutes les 10/15 min) ; f. pour entretien quelques jours en mars, début avr. et oct.

En taxi

Les arnaques de taxis étant nombreuses, évitez de héler un taxi

Prague gratuit

• **L'accès est libre aux églises** Sv. Tomáše (p. 59) et Panny Marie Vítězné (p. 65).

• **Prague Extravaganza** est une association qui propose une visite guidée en anglais (certaines en français, se rens.) de Staré Město (Vieille Ville) et de Josefov, l'ancien ghetto juif, tous les jours à 11h et 15h30 (r.-v. devant la Tour poudrière, náměstí Republiky - I7) et une autre à 13h et 17h30 du pont Charles au Château (r.-v. sur Křižovnické náměstí - G7). Les guides sont reconnaissables à leur parapluie bleu.
☎ 721 713 601 • www.extravaganzafreetour.com

• **Free Tours** propose plusieurs visites guidées du château (3h), de la Vieille Ville et du quartier Juif (2h30-3h). En anglais et en espagnol. N'oubliez pas de laisser un pourboire.
www.freetour.com/prague

dans la rue, appelez ou faites-en appeler un de la **compagnie AAA** (p. 193). Sinon, cherchez une station de taxis « Fair » indiquée par un pouce en l'air. Ces taxis suivent les tarifs officiels : 40 Kč pour la prise en charge et 28 Kč/km.

En barque

Autre possibilité, une promenade en barque ou en bateau à pédales. Les locations se font sous le pont Charles ou sur Slovanský ostrov (C3 - p. 80). Accès par Masarykovo nábřeží, devant le palais Žofín.

À vélo

Pour une visite à Vyšehrad, vous apprécierez à vélo la vue le long de la Vltava et le dénivelé quasi nul ! Pour louer, vous avez le choix : **City Bike Prague** (350 Kč les 2 h, 550 Kč la journée, 700 Kč les 24 h) et **Praha Bike** (220 Kč les 2 h, 590 Kč les 24 h). Il existe des visites guidées de quelques heures ou une journée.

• **City Bike Prague**
Králodvorská 5 (I6-7) • M° Náměstí Republiky • ☎ 776 180 284 • www.citybike-prague.com • Avr.-oct. t.l.j. 9h-19h.

• **Praha Bike**
Dlouhá 24 (E2) • M° Náměstí Republiky • ☎ 732 388 880 • www.prahabike.cz • T.l.j. 9h-20h (10h-17h oct.-mars).

À VOIR, À FAIRE

OFFICES DE TOURISME

Prague City Tourism

Staroměstské náměstí 1 (H7) • M° Staroměstská • ☎ 221 714 444 ou 221 714 714 • www.prague.eu/fr ou www.praguecitytourism.cz. • T.l.j. 9h-19h.

Ce qui est tchèque, ce qui ne l'est pas !

Vous croiserez sans cesse des chariots ambulants à proximité de la Place Venceslas et de la Maison municipale remplis de *trdelník*. Cette pâtisserie cylindrique n'a pourtant rien de tchèque, elle est slovaque ! Pour goûter une douceur typiquement tchèque, rendez-vous dans un supermarché local (Billa, p. 164) au rayon friandises pour trouver les ***lázeňské oplatky*** (gaufrettes triangulaires). Rayon congélateur, essayez les **esquimaux Míša** : une glace au fromage blanc sous une fine couche de chocolat. Verdict ? Addictif en cas de chaleur et vraiment économique (entre 18 et 22 Kč). De même, plutôt que l'absinthe, essayez la **Slivovice** (alcool de prune) ou la **Becherovka** (liqueur de plantes), beaucoup plus typiques. Enfin, résistez à l'envie de rapporter matriochkas et chapkas, souvenirs russes, les Tchèques étant encore traumatisés par leurs années d'occupation.

Centre d'information touristique

Rytířská 12 (H7-8) • M° Můstek • ☎ 221 714 714• T.l.j. 9h-19h.

Use-it Prague

Information touristique pour les jeunes au budget serré. Bureau tenu par des volontaires, d'où les horaires un peu aléatoires. Devant la porte, vous trouverez des plans de la ville « Use-it » avec des adresses hors des sentiers battus et quelques bons plans. Vous pouvez télécharger cette carte sur leur site.

Trojanova 3 (C4) • ☎ 728 515 765 • www.use-it.cz • Seulement mer. 14h15-17h ; sinon sur résa.

AGENCES DE TOURISME

Avantgarde Prague

Cette agence francophone propose un large éventail de services : réservation de places de spectacle et/ou de visites guidées par quartier ou par thème. Possibilité d'excursions en dehors de Prague, à Kutná Hora ou dans la cité médiévale de Český Krumlov. L'organisme propose également des réservations d'hôtel ou d'appartement. **☎ 226 235 080 ou 774 311 468 (ce dernier t.l.j. 24h/24) • www.avantgarde-prague.fr • Lun.-ven. 9h-18h • -10 % sur la visite guidée avec déjeuner et croisière inclus avec le code AGP20 (offre valable jusqu'au 31/12/2020, pour les achats en ligne uniquement).**

CoDan Agentura

Cette agence réserve votre hôtel, votre place de concert ou votre visite guidée. En français, demandez Agnès (☎ 251 019 371).

Provaznická 11 (H7) • M° Můstek • ☎ 251 019 360 • www.codan-agentura.com • Lun.-ven. 9h-17h.

VISITES GUIDÉES

À pied

• Taste of Prague
Une visite gastronomique et culturelle en anglais, de 5 restaurants, ponctuée d'histoires de la ville. Interactif et sympathique.
☎ 603 252 810 ou 775 577 275 • www.tasteofprague.com • Groupe de 10 pers., 3h30 ou 4h, 2 500-2 700 Kč/pers.

• Think Prague
Des visites classiques ou alternatives, en français, autour de la bière ou des tendances nouvelles, de quartiers underground, de street art et galeries d'art...
☎ 778 717 199 • www.thinkprague.com/fr • 3h, de 3 000 Kč (pour 1 à 2 pers.) à 650 Kč/pers. (pour 6 pers. et plus).

En voiture rétro

À bord d'une Škoda des années 1960, découvrez le Château, le quartier juif, la Vieille et la Nouvelle Ville... ou prenez la poudre d'escampette aux portes de Prague pour visiter d'autres châteaux.
☎ 602 260 024 ou 774 399 897 • www.pragueoldtimertours.cz/en/ • 1h, 2 200 Kč.

En minicar : Premiant City Tour

Circuit panoramique (2 h, 350 Kč), grand tour de la ville ou escapade pour la journée à Karlovy Vary ou à Kutná Hora (ancienne ville minière classée au patrimoine mondial par l'Unesco) ou parcours autour de Prague à la découverte des plus beaux châteaux comme Karlštejn.
Na Příkopě 12 (I7) • M° Náměstí Republiky ou Můstek • ☎ 606 600 123 (tél. 6h30-23h, sur place t.l.j. 8h-20h) • www.premiant.cz/fra/

Croisières

Il existe plusieurs formules de promenades en bateau sur la Vltava, commentées ou non, avec des sorties déjeuner ou des dîners en musique. De mars à octobre, la promenade de **PPS** (1h15) vous mènera aux portes du zoo, du domaine de Troja et des vignobles Salabka (p. 93).

• PPS
Embarquement sur Rašínovo nábřeží, Náplavka (C4) • M° Karlovo náměstí • ☎ 734 761 003 ou 605 295 111 • www.paroplavba.cz • Aller simple 190 Kč, aller-retour 290 Kč.

• Jazz Boat
Un départ est prévu tous les soirs à 20h30. Compter 690-790 Kč/pers. (jeu.-sam. 790-890 Kč/pers.) pour le concert de jazz, plus un menu (3 plats) de 370 à 490 Kč. Voir p. 142.
Čechův most, embarcadère n° 2 (G6) • M° Staroměstská • ☎ 731 183 180 • www.jazzboat.cz

LES MUSÉES

Musées et galeries ouvrent en général de 9h-10h à 17h-18h, tous les jours sauf le lundi. Hors institutions privées, les musées sont fermés les jours fériés. Les églises sont parfois fermées en dehors des messes, certaines ont un accès limité, d'autres sont payantes. Dans le quartier juif, synagogues et commerces sont fermés le samedi.

Bon à savoir

Voltage et heure locale

Comme en France, le courant est de 220 volts (prises identiques) et les horaires d'été et d'hiver sont les mêmes.

Sécurité

Bien que la ville soit sûre, les pickpockets sont nombreux (métro, pont Charles, place du Château, cathédrale, tram 22...). En cas de vol, adressez-vous au bureau de police en bas de la place Venceslas (traducteurs) : Jungmannovo náměstí 9 (H8).

Écrire et téléphoner

Les timbres (39 Kč pour une carte postale) s'achètent dans les boutiques de cartes postales ou à la poste. **Poste centrale** *(Hlavní pošta)* : Jindřišská 14 (I8) ☎ 604 221 504 ou 954 211 000, t.l.j. 2h-minuit (voir aussi p. 78). **Autre bureau de poste** : Kaprova 12 (G7) ☎ 954 211 001, lun.-ven. 8h-19h. **Smartavia** : Václavské náměstí 43, pasáž Jalta (I8) ☎ 840 103 000, www.dhl.cz, lun.-ven. 9h-18h, sam. 10h-14h.

Pour téléphoner à Prague depuis la France, composez le 00 420 suivi des 9 chiffres. **Pour téléphoner en France depuis Prague,** composez le 00 33, puis le numéro du correspondant sans le 0.

Depuis 2017, les **frais d'itinérance** *(roaming)* ne sont plus facturés par les opérateurs lors des voyages au sein de l'UE : vos communications (appels, SMS, MMS) et votre connexion Internet en République tchèque sont incluses dans votre forfait. Attention, des surcoûts peuvent continuer à s'appliquer. Ainsi, pour Internet, des plafonds de consommation ont été fixés. En outre, cette nouvelle réglementation ne s'applique qu'en cas de déplacement : lorsque vous préparez votre voyage, vos appels et messages depuis votre pays de résidence vers l'étranger restent surtaxés. **Renseignez-vous auprès de votre opérateur.**

Langue

Après le tchèque, langue nationale, vous pourrez parler l'anglais et l'allemand, plus rarement le français. Voir notre aide à la prononciation et notre lexique, p. 204.

Numéros et adresses utiles

Urgences : ☎ 112 ou 155.
Pompiers : ☎ 150.
Police secours : ☎ 158.
Ambassade de France : Velkopřevorské náměstí 2 (B2) • ☎ 251 171 711 • www.france.cz
Ztráty a nálezy (objets trouvés) : Karolíny Světlé 5 (G8) • ☎ 224 235 085 • Lun.-ven. 8h-12h et 12h30-17h30 (mar. et jeu. 16h, ven. 14h).
Section consulaire : ☎ 251 171 711.
Institut français : Štěpánská 35 (D3) • ☎ 221 401 011 • www.ifp.cz/fr

ET LE BUDGET ?

Comptez en moyenne entre 70 et 170 € pour une chambre double standard avec salle de bains dans le centre historique ou ses proches alentours. Vous ne vous ruinerez pas en allant déjeuner à la mode tchèque dans les *hospoda* (env. 250 Kč). Les tarifs des entrées des monuments et des musées varient d'un lieu à l'autre (260 Kč, env. 10 €, pour le musée Mucha par exemple) et sont relativement chers, sauf avec la **Prague Card** (p. 194).

MONNAIE LOCALE

L'unité monétaire est la **couronne tchèque, Koruna (Kč).** Le cours en septembre 2019 se situait autour de 1 € pour 25,9 Kč.
Ne changez pas d'argent avant de partir : il vaut mieux retirer à un distributeur avec votre carte bancaire – et en une fois – la somme que vous comptez utiliser durant votre séjour, quitte à la placer dans le coffre de votre hôtel. Sachez qu'en cas de retrait ou de paiement par carte bancaire, votre banque peut prélever un montant fixe ainsi qu'une commission (jusqu'à 3 % de la somme). Avant de partir, renseignez-vous auprès de votre banque. Certaines d'entre elles nouent des partenariats avec des banques locales, ce qui vous permet de payer une plus faible commission en retirant de l'argent à leur distributeur plutôt qu'à un autre. La République tchèque ne devrait pas rejoindre la zone euro avant au moins 2023.

COMMENT PAYER ?

À Prague, redoublez de vigilance avec les **bureaux de change**. Une borne « ATM », un signe comme « Euronet » ou une affiche qui revendique « 0 % de commission » ne sont pas des gages de sécurité. Dans les faits, beaucoup d'entre eux appliquent des taux de change abusifs (entre 20 et 40 %). Et, dans tous las cas, n'achetez JAMAIS de devises dans la rue : l'arnaque qui consiste à changer les euros en roubles biélorusses inutilisables est connue de tous les Pragois.
Les **cartes de paiement** Visa, MasterCard et American Express sont acceptées dans la plupart des magasins, restaurants et hôtels. Ce n'est pas forcément le cas pour les cafés ou petites adresses ni chez les antiquaires et brocanteurs, qui, eux, préfèrent les espèces.

Pour les transferts d'argent, adressez-vous à **Western Union** :
Jindřišská 7 (I8) • ☎ 800 22 11 00 ou 224 210 101 • www.moneytransfer.cz • Lun.-ven. 8h-20h, sam. 9h-19h, dim. 10h-16h.

En cas de perte ou de vol, le serveur interbancaire d'opposition est valable pour toutes les cartes bancaires :
☎ 00 33 892 705 705.
• Visa : ☎ 800 142 121
• MasterCard : ☎ 800 142 494
• American Express : ☎ 01 47 77 72 00.
Avant de partir, pensez à noter au préalable le numéro à 16 chiffres et la date de validité de votre carte de paiement.

Nos hôtels
PAR QUARTIER

Staré Město, côté pont Charles (Quartier 1 - p. 24)

OLD PRAGUE HOTEL

Cet hôtel bien situé propose des chambres spacieuses et lumineuses décorées de boiseries et de tapisseries fleuries. Un tarif imbattable dans le quartier !

Skořepka 5 (Plan H8) • M° Můstek • ☎ 224 211 801 • www.oldpraguehotel.cz • De 2 200 à 4 800 Kč, petit déj. inclus.

Staré Město, au cœur de la Vieille Ville (Quartier 2 - p. 32)

HOTEL SALVATOR

Cet hôtel chaleureux dispose de chambres ouvrant sur une rue calme. Atmosphère cosy.

Truhlářská 10 (Plan I6) • M° Náměstí Republiky • ☎ 222 312 234 • www.salvator.cz • De 1 900 à 5 200 Kč ; petit déj. inclus.

HOTEL IMPERIAL

Les 126 chambres luxueuses ont toutes une baignoire. Également un Spa et un centre de fitness.

Na Poříčí 15 (Plan D2) • M° Náměstí Republiky • ☎ 246 011 600 • www.hotel-imperial.cz • De 3 500 à 9 000 Kč.

HOTEL PAŘÍŽ

Cet hôtel mythique de 1904 est idéal pour les accros d'Art nouveau. Certaines chambres sont un peu exiguës, mais le décor est féerique. Le restaurant Sarah Bernhardt, à côté de l'hôtel, reste une valeur sûre.

U Obecního domu 1 (Plan I7) • M° Náměstí Republiky • ☎ 222 195 195 • www.hotel-paris.cz • De 6 100 à 13 100 Kč.

MOTEL ONE PRAGUE

Bel hôtel contemporain situé à deux pas de la Vieille Ville. Excellent petit déjeuner bio.

Motel One Prague

Na Poříčí 1048/30 (Plan D2) • M° Náměstí Republiky • ☎ 222 334 500 • www.motel-one.com/en/hotels/prague• À partir de 1 700 Kč.

Josefov (Quartier 3 - p. 44)

CASA MARCELLO HOTEL

Dans un immeuble gothique, les 32 chambres sont décorées avec goût. Sauna à disposition des clients.

Řásnovka 1 (Plan D2) • Tram 6, 8 ou 26, arrêt Dlouhá třída • ☎ 222 311 230 • www.casa-marcello.cz • De 1 950 à 7 200 Kč.

HOTEL JOSEF

Tout de verre et d'acier, cet hôtel très design a été conçu par l'architecte tchèque Eva Jiřičná.

Rybná 20 (Plan I6) • M° Náměstí Republiky • ☎ 221 700 111 (réception), 221 700 901 (résa) • www.hoteljosef.com • De 3 100 à 8 700 Kč, petit déj. inclus.

Malá Strana, côté royal (Quartier 5 - p. 60)

PENSION DIENTZENHOFER

Réservez une chambre double ou un appartement dans cet hôtel calme et convivial. Il est doté d'un jardin avec vue sur le parc de Kampa.

Nosticova 2 (Plan B2-3) • M° Malostranská, puis tram 12, 20 ou 22, arrêt Hellichova • ☎ 257 311 319 • www.dientzenhofer.cz • De 2 200 à 7 500 Kč, petit déj. inclus.

ARCHIBALD U KARLOVA MOSTU

Sur l'île de Kampa, cette brasserie du XVe s. est devenue un magnifique hôtel : chambres sous les combles et restaurant avec petit jardin.

Na Kampě 15 (Plan C2) • Tram 12, 20 ou 22, arrêt Malostranské náměstí • ☎ 257 531 430 • www.archibaldatthecharlesbridge.cz • De 2 700 à 5 200 Kč.

U KRÁLE KARLA

Hôtel calme et raffiné, aménagé dans deux demeures reliées par un patio. Chambres spacieuses et belle vue sur le Château.

Úvoz 4 (Plan B2) • Tram 12, 20 ou 22, arrêt Malostranské náměstí • ☎ 257 531 211 • www.ukralekarla.cz • De 2 400 à 5 000 Kč, petit déj. inclus.

Malá Strana, côté sud (Quartier 6 - p. 62)

HOTEL KAMPA-STARÁ ZBROJNICE

Cette demeure baroque du XVIIe s. est aujourd'hui un hôtel doté de 84 chambres confortables. Certaines possèdent une belle vue sur le parc de Kampa. Agréable terrasse pour les beaux jours.

Všehrdova 16 (Plan B3) • M° Můstek ou Národní třída, puis tram 9 ou 22, arrêt Újezd • ☎ 272 114 444 • www.hotelkampa.cz • De 1 850 à 3 900 Kč, petit déj. inclus.

Les hauts de Hradčany (Quartier 7 - p. 66)

HOTEL U RAKA

Classée Monument historique, cette bâtisse en bois de la fin du XVIIIe s. propose six jolies chambres d'hôtes au vert. Accueil avec le sourire dans la cuisine familiale pour un thé ou un verre de vin morave (t.l.j. 13h-18h30).

Černínská 10 (Plan A2) • Tram 22, arrêt Brusnice • ☎ 220 511 100 • www.hoteluraka.cz • De 3 600 à 4 500 Kč, petit déj. inclus.

DESIGN HOTEL NERUDA

Intérieur moderne et raffiné pour cette vieille bâtisse rénovée avec goût et élégance. De très belles chambres, une atmosphère relaxante, un sauna et un Jacuzzi.

Nerudova 44 (Plan B2) • M° Malostranská, puis tram 22, arrêt Pohořelec • ☎ 257 535 557 • www.designhotelneruda.com • De 2 500 à 7 500 Kč, petit déj. inclus.

La colline de Petřín (Quartier 8 - p. 72)

HOTEL ARBES

Au pied de Petřín, cet hôtel propose des chambres bien équipées et confortables à des prix honnêtes.

iktora Huga 3 (Plan B4) • M° Anděl, puis tram 9, 12 ou 20, arrêt Arbesovo náměstí • ☎ 251 116 555 • www.hotelarbes.cz • De 1 070 à 3 250 Kč, petit déj. inclus.

Nové Město (Quartier 9 - p. 76)

HOTEL GRANDIUM

Contemporain, l'Hotel Grandium propose des chambres design, simples et cosy. Les petits plus ? La bouilloire permettant de se servir un thé ou un café (offerts) et un service de baby-sitting bien

utile (compter 400-500 Kč l'heure). Dans la prolongation du lobby, la cour joue l'originalité avec cette forêt de troncs d'arbres suspendus.
Politických vězňů 12 (Plan D3) • M° Můstek ou Hlavní nádraží • ☎ 234 100 100 • www.hotel-grandium.cz • De 1 600 à 6 000 Kč, petit déj. inclus.

HOTEL JUNGMANN

Les 12 chambres aux tonalités beiges offrent un havre de paix à deux pas du jardin des Franciscains. La salle de bains, audacieuse, est à l'entrée de la pièce et séparée par un immense rideau. Pour prendre le petit déjeuner, admirez l'élégante salle commune aux belles voûtes romanes.
Jungmanovo náměstí 2 (Plan H8) • M° Můstek • ☎ 224 219 501 • www.hotel-jungmann.cz • De 2 200 à 4 600 Kč, petit déj. inclus.

Karlovo náměstí (Quartier 10 - p. 82)

KONVEX 91

Une déco très simple et un agencement bien pensé caractérisent ces 15 appartements (dont 3 disposent d'un parking). Leur capacité d'accueil varie de 2 à 7 personnes.
Víta Nejedlého 3 (Plan F3) • M° Jiřího z Poděbrad • ☎ 296 326 081 ou 603 461 505 • www.konvex.cz • De 1 200 à 2 000 Kč.

Karlín et Žižkov (Quartier 12 - p. 88)

B&B HOTEL PRAGUE-CITY

Non loin du centre historique, cet établissement moderne propose des chambres fonctionnelles, sans chichis et propres. Attention, il fait face à une voie de chemin de fer où les trains (heureusement !) ne sont pas très fréquents.
Prvního pluku 29 (Plan E2) • M° Florenc • ☎ 224 284 788 • www.hotelbb.cz • De 1 050 à 2 670 Kč, petit déj. inclus.

Lexique

EXPRESSIONS USUELLES

À droite : ***doprava***
À gauche : ***doleva***
Au revoir : ***na shledanou***
Bonjour : ***dobrý den***
De rien : ***není zač***
Excusez-moi : ***promiňte***
Je ne comprends pas : ***nerozumím***
Je voudrais : ***chtěl(a) bych***
Merci : ***děkuji***
Oui/non : ***ano/ne***
Pardon : ***pardon***
Parlez-vous français (anglais) ? : ***mluvíte francouzsky (anglicky) ?***
S'il vous plaît : ***prosím***

ESPACE ET TEMPS

Après-midi : ***odpoledne***
Aujourd'hui : ***dnes***
Demain : ***zítra***
Encore : ***ještě***
Hier : ***včera***
Ici : ***tady***
Où ? : ***kde ?***
Quand ? : ***kdy ?***

FAIRE DU SHOPPING

Argent : ***stříbro***
Magasin : ***obchod***
Marché : ***trh***
Prix : ***cena***
Quel est le prix ? : ***kolik to stojí ?***
Soldes : ***slevy***

LES NOMBRES

Un : ***jeden***
Deux : ***dva***
Trois : ***tři***
Quatre : ***čtyři***
Cinq : ***pět***
Six : ***šest***
Sept : ***sedm***
Huit : ***osm***
Neuf : ***devět***
Dix : ***deset***
Cent : ***sto***
Mille : ***tisíc***

À LA DOUANE

Carte d'identité : ***občanský průkaz***
Douanier : ***celnice***
Passeport : ***pas***
Rien à déclarer : ***nic k proclení***

À L'HÔTEL, AU RESTAURANT

Déjeuner : ***oběd***
Dîner : ***večeře***
Je voudrais une chambre : ***chtěl(a) bych pokoj***
Petit déjeuner : ***snídaně***
Réservation : ***rezervace***
Salle de bains : ***koupelna***
Addition : ***účet***
Bière blonde/brune : ***světlé/černé pivo***
Bouteille : ***láhev***
Couteau : ***nůž***
Cuillère : ***lžíce***
Dessert : ***zákusek***
Eau (plate) : ***(neperlivá) voda***
Fourchette : ***vidlička***
Fromage : ***sýr***
Hors-d'œuvre : ***předkrm***
L'addition SVP : ***účet prosím***
Nous allons payer : ***zaplatíme***
Pain : ***chléb***
Plat sans viande : ***bezmasé jídlo***
Poisson : ***ryba***
Repas : ***jídlo***
Sel/poivre : ***sůl/pepř***
Service compris : ***služba je započítána***
Soupe : ***polévka***
Végétarien : ***vegetarián***
Viande : ***maso***
Vin blanc/rouge : ***bílé/červené víno***

EN VILLE

Château : ***hrad***
Distributeur à billets/bancaire : ***automat/bankomat***
Église : ***kostel***
Gare : ***nádraží***
Métro : ***metro***
Place : ***náměstí***
Poste : ***pošta***
Rue : ***ulice***
Taxi : ***taxi***
Ticket : ***jízdenka***
Timbre : ***známka***
Tramway : ***tramvaj***

Prononciation

Avec son utilisation excessive des consonnes, le tchèque déroute. Pour vous faire comprendre, prononcez chaque lettre et chaque syllabe, en insistant sur la première syllabe des mots, et allongez le son des voyelles dès qu'elles portent un accent. Si vous voyez une apostrophe ou un accent circonflexe inversé, ajoutez le son i pour : **Ď, ď** (= « di »), **Ť, ť** (= « ti ») et **ě** (= « ie »).

C = « ts » ;
Č = « tch » ;
H = aspiré ;
Ň = « gn » ;
Q = « qv » ;
Ř = « rj » ;
Š = « ch » ;
Ž = « j ».

Ainsi, Hradčany se prononce « h-rad-tcha-ni » et Vltava « v-l-ta-va ».

Index

Dernière édition revue et enrichie par **Céline Faucon**.
Éditions antérieures revues et augmentées par **Maud Coillard**, **Philippe Bénet**, **Renata Holzbachová**, **Bérénice Debras** et **Marjolaine Koch**.
Édition originale établie par **Florence Lejeune** et **Carole Vantroys**.

Direction : Nathalie Bloch-Pujo / **Direction éditoriale :** Cécile Petiau
Édition : Marine Barbier-Blin, Camille Dupont, Émilie Lézénès, Géraldine Péron, Adam Stambul, Julie Wood
Suivi éditorial et mise en page intérieure : Archipel studio (Joséphine Abdou-Manoury, assistée d'Élodie Gradoz)
Ont également collaboré à cet ouvrage : Pavla Poláchová et Ionah Vasseur
Cartographie : Frédéric Clémençon et Aurélie Huot / **Fabrication :** Liza Sacco
Conception graphique de la couverture et de la maquette intérieure : Caroline Joubert • www.atelier-du-livre.fr / **Mise en pages intérieure :** Chrystel Arnould
Contact presse : rmazef@hachette-livre.fr - ☎ 01 43 92 36 66
Contact publicité : vhabert@hachette-livre.fr - ☎ 01 43 92 32 52

Aussi soigneusement qu'il ait été établi, ce guide n'est pas à l'abri des changements de dernière heure, d'erreurs ou omissions. Ne manquez pas de nous faire part de vos remarques. Informez-nous aussi de vos découvertes personnelles, nous accordons la plus grande importance au courrier de nos lecteurs :

Guides Un Grand Week-end - Hachette Tourisme - 58, rue Jean-Bleuzen, 92170 Vanves

weekend@hachette-livre.fr

Facebook @GuidesUnGrandWeekend • **Instagram** @ungrandweekend • **Twitter** @ungrandweekenda

CRÉDIT PHOTOGRAPHIQUE

Intérieur

Toutes les photographies de cet ouvrage ont été réalisées par **Romain Boutillier,** à l'exception de celles des pages suivantes :

Patrice Hauser : p. 4 (ht), 5, 6 (ht), 7 (ht d.), 12 (b. d.), 23, 26, 27, 28, 29, 30, 31, 33, 37, 39, 40, 41, 42, 45, 57, 58, 61, 65, 68, 69, 73, 77, 79, 84, 85, 135, 139, 146, 147, 157, 158, 159, 160, 161, 170, 173, 186, 187.

Jérôme Plon : p. 7 (b. d.), 11 (ht g.), 25, 48, 53, 63, 74, 75, 81, 89, 99, 103, 104, 107, 109, 118, 138, 140, 144, 163 (b. g.), 167, 169, 175, 176, 178, 179, 182.

Céline Faucon : p. 3 (ht g.), 13 (c. d.), 105, 119, 121, 171.

hemis.fr : Jon Arnold Images : p. 7 (c. g.), 21 ; Bertrand Gardel : p. 1, 9 (b. g.), 70 ; Jean-Pierre Lescourret : 129 ; Bertrand Rieger : p. 80, 106, 116, 168 ; Sylvain Sonnet : p. 15 ; John Warburton Lee : p. 67. **Fotolia :** spanky1 : p. 43. **Photononstop :** Anna Serrano/Sime : p. 35. **Adobe Stock :** serge01 : p. 16 ; Vincent : p. 71. **Shutterstock :** Carolyne Parent : p. 4 (b.) ; Dar1930 : p. 9 (c. d.) ; Radiokafka : p. 13 (ht) ; Dendenal : p. 165.

© Banh-mi-ba : p. 112 **Banh Mi Makers :** p. 111 **Boho Café & Store :** p. 101 **Botas 66 :** p. 183 (b. g.) **Centre d'art contemporain DOX :** p. 95. **Field :** p. 108 **Hotel U Raka :** p. 202 **Lipa :** p. 166 **Lukas Zentel/Pragtique :** p. 174 **Motel One Prague :** p. 200 **Pavel Vácha/Lucerna :** p. 10 (b. g.) **U Kunštátů :** p. 149 **Vojtěch Tesárek/Vnitroblock :** p. 10 (c. d.).

Couverture

Plat 1 : © Patrice Hauser (ht) ; © Zoonar/S. Detel Collection/AGE Fotostock (b.).
Plat 4 : Romain Boutillier (ht et b.).

Conformément à une jurisprudence constante (Toulouse 14-01-1887), les erreurs ou omissions involontaires qui auraient pu subsister dans ce guide, malgré nos soins et les contrôles de l'équipe de rédaction, ne sauraient engager la responsabilité de l'éditeur.

Le contenu des annonces publicitaires insérées dans ce guide n'engage en rien la responsabilité de l'éditeur.

Édité par Hachette Livre (58, rue Jean-Bleuzen, CS 70007, 92178 Vanves Cedex)
Imprimé par Polygraf (Čapajevova 44, 08199 Prešov, Slovaquie)
Achevé d'imprimer : décembre 2019
ISBN : 978-2-01-710679-1 - 65-5018-3
Dépôt légal : janvier 2020 - Collection N° 44 - Édition : 01